Reihenhausmannskost

dayone

Reihenhausmannskost

Fotografien von Stan Engelbrecht
Texte von Nataly Bleuel, Tatjana Buisson und Friedhelm Mennekes
Herausgegeben von Daniel Arnold

Inhalt

Vorwort

Was bedeutet Familie heute? Der Theologe Friedhelm Mennekes SJ antwortete nach langem Nachdenken auf diese Frage im Frühling 2010 mit einem bemerkenswerten Satz: „Familie konstituiert sich nicht im Bett, sondern am Tisch."

Dieser Gedanke diente als Ausgangspunkt für eine Einladung an den südafrikanischen Fotografen Stan Engelbrecht, die Reporterin Tatjana Buisson und die Autorin Nataly Bleuel. Wir baten sie um ihren Blick auf Esstische und in Eigenheime. Dafür reisten sie durch Deutschland, klingelten an Haustüren und fragten die Bewohner kurzerhand nach ihrem liebsten Familienrezept.

„Reihenhausmannskost" ist Rezeptsammlung, Bildband und Gesellschaftsstudie mit wunderbaren Familiengeschichten. Wer das Buch durchblättert, ist zu Gast bei annähernd 50 Familien. Das ist spannend. Denn dieses Deutschland ist multikulinarisch und multikulturell. Und es lebt in etwas typisch Deutschem: in einem Reihenhaus.

Dr.-Ing. Daniel Arnold
Vorstandsvorsitzender Deutsche Reihenhaus
Köln, im September 2011

Einleitung

Kommen zwei Südafrikaner nach Deutschland, dann haben sie – selbst wenn sie noch so viel gereist sind – doch ein paar Klischees im Kopf. Die hat jeder, weil sie Orientierung bieten. Kommen also zwei Südafrikaner nach Deutschland – ein Fotograf und einer Reporterin –, dann sagen sie sich: „Hach, guck mal da: ein Reihenhaus – typisch deutsch! Und da drin gibt's Sauerkraut mit diesen Dumplings, Knö..., Klöße ... oder wie die Dinger heißen!" Denn: Das essen hier doch alle! Und ihre Häuser sehen alle gleich aus!

Das ist jetzt übertrieben. Die Reporterin Tatjana Buisson hat eine deutsche Mutter und kennt mehr als Knödel. Der Fotograf Stan Engelbrecht hat mit seiner Kamera schon oft in deutsche Häuser, Küchen und Herzen geblickt. Und die Autorin Nataly Bleuel ist sogar eingeborene Deutsche. Also sollten es diese Besucher eigentlich besser gewusst haben. Denn Besucher waren sie, die Macher dieses Buches: Sie haben an den Türen von Reihenhäusern geklingelt und deren Bewohner nach ihren Lieblingsrezepten gefragt. Um zu erfahren, wie die Menschen kochen, essen und leben. Und weil Klischees dazu da sind, sie zu prüfen.

Und, liebe Leserinnen und Leser, es gibt Wunderliches zu berichten aus deutschen Häusern und deutschen Kochtöpfen! Nicht nur, dass die allermeisten Menschen, wenn man sie nach ihrer Leibspeise fragt, unumwunden Türen und Töpfe und Seelen öffnen. Einen hereinbitten und erzählen, vom Geschmack ihrer Kindheit und der Heimat. Nun gut, nicht wenige in diesen Reihenhäusern schätzen manch andere Hobbys vielleicht einen Tick mehr als kulinarische Kreationen im Alltag: Wesen wie Amy, Gypsi, Lucy, Mandy, Shorty, auf vier Beinen. Den Kugelgrill auf der Terrasse. Den grünen Rasen, und vor allem: was man darauf spielen kann.

Doch das Wunderlichste ist: In diesen typisch deutschen Reihenhäusern wohnt gar nicht der typische Deutsche! Also der, für den ihn das Klischee mal gehalten hat: mit deutschem Stammbaum bis Lieschen Müller, und täglich gibt es Kartoffeln und Kraut. Natürlich gibt es das auch. Am ehesten bei „Deutschen", die aus Russland gekommen sind. Ausnahmen bestätigen eben die Regel. Und die Regel ist: In diesen typisch deutschen Häusern leben Menschen aus aller Leute Ländern - die selbst oder durch ihre Eltern von Portugal, Italien, Jamaika, Kirgisien, Anatolien, Algerien hierher gekommen sind. Und sich, so wirkt es oft, einen Traum erfüllt haben. Den Traum vom

Eigenheim, einer Familie, einem Beruf, zwei Kaninchen – und am Wochenende wird gegrillt. Und Fußball gespielt. Die deutsche Mitte in diesen Reihenhäusern wird gemacht von Menschen, die manch Deutscher immer noch für Ausländer hält. Und die selbst nicht selten sagen, dass sie sich kein besseres Land auf der Welt vorstellen könnten als dieses hier.

Wir, die Besucher, sind all den Menschen, die uns ihre Türen und Herzen geöffnet haben, sehr dankbar. Wir haben viel gesehen und viel gelernt. Was – das kann man, so hoffen wir, in diesem Buch erkennen. Übrigens kochen viele Menschen – zumindest ihre Leibspeise – nicht nach Rezept, sondern nach Gefühl. Gefühle kann man nicht messen. Und so ist das dann auch manchmal mit den Mengenangaben und Maßeinheiten in den hier versammelten Rezepten. Es braucht ein wenig Erfahrung und Experimentierfreude, sie nachzukochen. Oder eben Einfühlungsvermögen.

Viel mehr Maß nehmen die Menschen, die wir besucht haben, an ihren Nachbarn. Das hat uns erstaunt: dass es nicht wenigen wichtig ist, genau so zu leben wie die anderen nebenan. Im gleichen Haus, mit dem gleichen Regal, dem gleichen Kinderzimmer, dem gleichen Rasen und dem gleichen Kugelgrill. „Anpassung" ist für sie ein Wert. Aber nicht um jeden Preis.

Und um diesen Preis sind wir ihnen besonders dankbar. Denn wenn sie ihre Türen öffneten, erzählten ihre Lieblingsgerichte von ihrer Kultur und ihrem Geschmack, portugiesisch, italienisch, algerisch. Und von einer sehr lebendigen Liebe zum Essen. Sie wird warmgehalten. Und es wird fast immer frisch gekocht, selbst nach einem langen Arbeitstag.

Und das ist – das muss man nach dieser Reise gestehen – leider gar nicht typisch deutsch. Der typisch Deutsche hier kocht eher selten, zumindest nicht selbst und nicht frisch. Er isst fertig. Und wenn jetzt also zwei Südafrikaner nach Deutschland gekommen sind und nach dieser Reise durch Häuser und Küchen nach einem typisch deutschen Gericht gefragt würden, dann müssten sie sagen: Typisch neudeutsch ist die Pizzasuppe! Was alle lieben – in einen Topf schmeißen, schön umrühren, und dann: Smaaklike ete!

Nataly Bleuel

„Mit dem Umziehen kriegt man eben von jeder Gegend spezielle Dinge mit, die man sonst nie kennengelernt hätte."

Marion Becher, Meckenheim

Huhn mit Oliven

Meriem und Abdelkader Daouadji, Kaiserslautern

ENN ANNA DAS Couscous zwischen den Händen reibt, damit es nicht klumpt, und es dann dampfend neben der Tajine mit Oliven, Hühnchen und Tomaten auf dem Tisch steht, nach Sonnenuntergang, wenn man im Ramadan isst ... dann ist Abdelkader Daouadji ganz schön stolz auf diese Frau. Nicht nur, weil sie so gut wie eine Algerierin kocht. Sondern auch, weil er sich mit seiner Schwiegermutter prächtig versteht. Sie wohnt ein paar hundert Meter entfernt, und auch sie kam, wie er, von Oran nach Kaiserslautern. Abdelkader ist in der Hauptstadt von Algerien aufgewachsen. Anna war 1975 hingezogen. Weil sie sich in Sondershausen, in der DDR, in einen algerischen Bergmann verliebt hatte. 20 Jahre blieben sie dort. Und ihre Tochter Meriem lernte dann bei Abdelkaders Mutter Englisch, und deren Sohn kennen ... Der wollte eigentlich Volleyball-Profi werden, fünf Jahre lang spielte er in Frankreich. Aber dann verletzte er sich, und er verliebte sich in diese Frau, deren Mutter schon perfekt arabisch kochte. Gemeinsam sind sie nach Deutschland gegangen. Da wurde Abdelkader Maschinenbau-Ingenieur. Die Kinder Sina, Ilias und Yonas müssen sich noch nicht an die Fastenregel halten: dass man vom Auf- bis zum Untergang der Sonne nicht essen soll. Aber so mit 15 sollen sie schon, das wünscht sich Abdelkader. Und auch, dass sie all die Sprachen beherrschen, die in diesem Hause gesprochen werden: Französisch, Arabisch, Englisch und Deutsch. Hochdeutsch ist die Umgangssprache; Pfälzisch muss nicht unbedingt sein. Die Daouadjis empfinden ihre Sprachen und ihre Kulturen als Reichtum. Wie das Essen. Sie lieben und sie teilen es mit Gästen. „Gutes Essen ist international", sagt Abdelkader. Und wenn dann noch Olivenöl, Paprika, Knoblauch und Tomaten dran sind, fühlt er sich zu hause. Egal wo. Hauptsache, es schmeckt nach Mittelmeer.

Huhn mit Oliven

خ‍كف بِالزيتون

Huhn klein schneiden. Öl in einen Topf geben. 1 kleingeschnittene Zwiebel andünsten. Fleisch dazu. Salzen, pfeffern, Zimt + Safran und Wasser dazu. Alles gut bedeckt. Ca. 1/2 Stunde kochen lassen. Stifte von 1-2 Karotten dazu geben. Weiterkochen lassen. 1 Glas grüne Oliven - ohne Brühe - separat in Wasser 1x aufkochen lassen. Sud wegschütten. Oliven zum Huhn geben. Zusammen 5 Minuten kochen lassen. Fleisch rausnehmen. 1/2 EßL Mehl mit etwas Wasser + Zitronensaft anrühren und in die Brühe einrühren zum andicken. Fleisch wieder dazu geben. Etwas ziehen lassen. Abschmecken. Mit Reis servieren.

Huhn mit Oliven

1 Huhn
1 Zwiebel (klein geschnitten)
Salz und Pfeffer
Zimt
Safran
1-2 Karotten (gestiftet)
1 Glas grüne Oliven
½ EL Mehl
Zitronensaft

Huhn klein schneiden. Öl in einen Topf geben. Zwiebel andünsten. Fleisch dazu. Salzen, pfeffern, Zimt und Safran und alles gut mit Wasser bedecken. Ca. eine halbe Stunde kochen lassen. Stifte von 1-2 Karotten dazugeben. Weiterkochen lassen. Grüne Oliven - ohne Sud - separat in Wasser einmal aufkochen lassen. Wasser wegschütten. Oliven zum Huhn geben. Zusammen 5 Minuten kochen lassen. Fleisch rausnehmen. ½ EL Mehl mit etwas Wasser und Zitronensaft anrühren und in die Brühe einrühren, zum Andicken. Fleisch wieder dazugeben. Etwas ziehen lassen. Abschmecken.

Mit Reis servieren.

Reisgericht

Annette und Peter Strunk, Mannheim

MANCHMAL SIND EINEM selbst Dinge völlig selbstverständlich, die sich für Außenstehende verrückt anhören. Peter Strunk sagt beispielsweise: „Ich habe Sozialarbeit studiert, und dann bin ich ziemlich schnell in der Psychiatrie gelandet." Und man könnte denken: Häh – das sieht hier aber nach einem ganz ausgeglichenen und gemütlichen Leben in einem Reihenhäuschen aus?! Mit einer Carrerabahn, an der einer liebevoll rumbastelt. Mit ferngesteuertem Hubschrauber und Dartscheibe und Spielsand im Garten und vielen Fotos von einem Jungen an den Wänden. Ist doch ganz normal hier!? Kleiner Scherz – für Peter und Annette gehören Suchtkranke, Alkoholiker und psychisch hilflose Menschen eben zu ihrem Alltag, denn sie sind beide Sozialarbeiter. Peter arbeitet in einer Einrichtung, die für Suchtkranke als Anlaufstation gilt. Und wenn er es schafft, einige von ihnen halbwegs zu stabilisieren, sodass sie nicht verwahrlosen, dann könnten sie bei Annette landen: Sie macht Arbeitstherapien mit psychisch kranken Menschen. Natürlich leben die Geschichten dieser Menschen ein bisschen im Haus der Strunks mit, denn man schaltet ja nicht einfach ab, wenn man durch die Haustür tritt. Kochen kann Entspannung und Ablenkung sein. Annette kocht gern Thai. Und Peter legt zusammen mit seinem Nachbarn den Garten an. Auf einen Zaun haben sie verzichtet. Und so ist es völlig selbstverständlich, wenn er sagt: „Gestern war ich Steine klopfen."

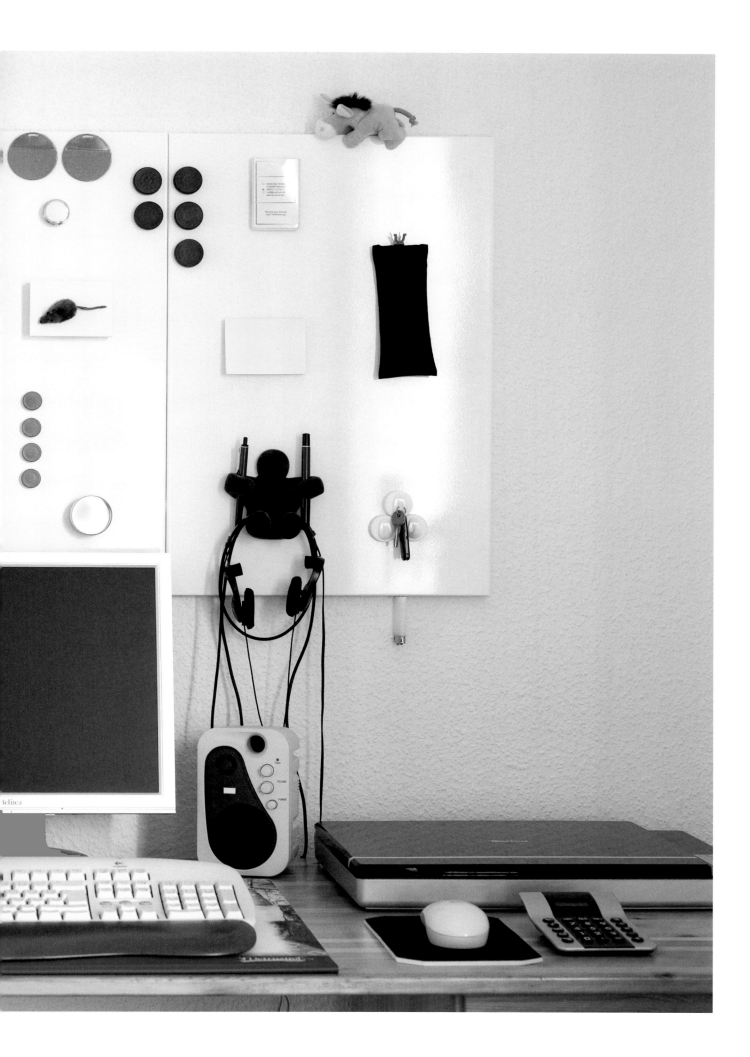

REISGERICHT ALLER STRUNK

REIS
2 TASSEN WASSER + SALZ ZUM KOCHEN
BRINGEN — 1 TASSE REIS DAZU GEBEN
— HERD AUSSCHALTEN + DECKEL DRAUF

— ZWIEBELN ANBRATEN UND AUS DER
PFANNE NEHMEN
— FLEISCH ANBRATEN MIT SALZ / PFEFFER
UND ETWAS BRÜHE UND MIT WENIG
WASSER ABSCHÜTTELN
— ZWIEBELN DAZU GEBEN
2 ZEHEN GEPRESSTEN KNOBLAUCH
GEMÜSE (WAS ICH HABE)

— 1 DOSE KOKOSMILCH DAZU GEBEN
— FEIN GEHACKTES SÜSSES BASILIKUM
UND FRISCHEN INGWER
(MENGE JE NACH GESCHMACK)
MIT KURKUMA + SALZ ABSCHMECKEN
GELINGT IMMER UND
SCHMECKT SUPER

Reisgericht

1 Tasse Reis
Zwiebeln
2 Knoblauchzehen
Fleisch
Brühe
Gemüse (was ich habe)
1 Dose Kokosmilch
Süßes Basilikum (fein gehackt)
Ingwer
Kurkuma
Salz und Pfeffer

2 Tassen Wasser und Salz zum Kochen bringen. 1 Tasse Reis dazugeben, Herd ausschalten und Deckel drauf. Zwiebeln anbraten und aus der Pfanne nehmen. Fleisch anbraten, mit Salz und Pfeffer würzen und mit etwas Brühe und wenig Wasser ablöschen. Zwiebeln, gepressten Knoblauch und Gemüse dazugeben. Kokosmilch, fein gehacktes süßes Basilikum und frischen Ingwer (Menge je nach Geschmack) dazugeben. Mit Kurkuma und Salz abschmecken. Gelingt immer und schmeckt super.

Ackee mit Salzfisch und Mehlklößchen

Valerie Sears, Kaiserslautern

VALERIES HAUS IST voll von Elefanten. Sie liebt Elefanten und würde wahnsinnig gerne mal nach Afrika reisen. Ihre Tante kam aus Nairobi. Sie selbst ist schon als Mädchen von Jamaika nach London gezogen. Jetzt besucht sie ihr Vater aus London einmal im Jahr. Obwohl er schon 93 ist, will er auch dieses Jahr zu Weihnachten wieder kommen. Weil es ihm so gut gefallen hat, beim letzten Mal. Zu Weihnachten kommt Valeries ganze Familie zu ihr. Sie leben weit verstreut: in London, Schweden und Deutschland. Ihrer kleinen Enkelin muss Valerie dann immer Johnny Cakes backen, das sind jamaikanische Knödel. Ihr Sohn hat aus Schweden mal Glühwein mitgebracht, und dann haben sie hier deutsche Würste und schwedischen Glögg und jamaikanische Knödel geschmaust. Valerie kocht auch gern mal für die Nachbarn, damit sich die näherkommen können. Ihr Nachbar Siegfried Oelstrom hilft ihr, wenn sie Probleme mit der Elektrik hat oder mit kleineren Reparaturen nicht alleine klarkommt. Valerie arbeitet für die amerikanische Army, in einem Dokumentationszentrum, sie hat da mit der Ordnung von CDs und DVDs zu tun. In Kaiserslautern ist es schön ruhig. Wenn Valerie von Besuchen bei ihren Zwillingstöchtern und ihrem Sohn zurückkommt – die studieren und sind dann mal in Mailand, Stockholm, London –, dann fällt ihr das immer wieder auf: Wie ruhig es hier ist! Aber es gefällt ihr, wirklich.

Ackee and Salt Fish with Flour Dumplings
Recipe

Soak 400g Salt Fish in Water.
Boil For Approx. (15-20) minute,
until Tender. Drain, remove
skin, de-bone and set aside.
Saute diced ~~dried~~ Tomatoes and
pepper in oil, ~~and~~ Add Salt Fish
and drained Ackee.
Cover and let simmer.
Serve ~~→~~ hot and enjoy.
Johnny Cakes
Combine Flour and Water or
mix with 2 cup milk. Add a
little milk at at time until
a firm dough, then knead it
into a ball. Separate into
pieces make little balls and Fry
in hot oil until brown.

Ackee mit Salzfisch und Mehlklößchen (Johnny Cakes)

Ackee (eingeweicht)
400 g Salzfisch
Tomaten (gewürfelt)
Paprika (gewürfelt)

Johnny Cakes (Mehlklößchen)
Mehl
Milch oder Wasser

Den Salzfisch einweichen. Etwa 15-20 Minuten kochen, bis er weich ist. Abtropfen lassen, Haut und Gräten entfernen und zur Seite stellen. Tomaten und Paprika in Öl anbraten, den Salzfisch und abgetropftes Ackee-Fruchtfleisch dazugeben. Zugedeckt schmoren lassen. Für die Johnny Cakes Mehl nach und nach mit Wasser oder 2 Milch verrühren, bis ein fester Teig entstanden ist. Zu einer Kugel verkneten und in mehrere Stücke teilen. Daraus kleine Bälle formen und in heißem Öl braun anbraten. Heiß servieren.

Uhles

Diana Lembke und Herbert Büttner, Bonn

ALS SIE EINGEZOGEN sind, mussten Diana und Herbert in ihrem Garten natürlich was pflanzen. Und dann war da dieser kleine Baum. Den haben sie eingesetzt. Leider wusste keiner, was das für einer ist und wie er sich entwickeln würde. Bestimmt nicht soo groß. So groß, wie er jetzt wird. Im Sommer gibt er schön Schatten auf der Terrasse, aber dann im Herbst muss Herbert ihn beschneiden, weil die Sache mit dem Baum sonst ausufert. Leider ist ihm gerade die elektrische Säge hopps gegangen, jetzt muss er per Hand ran. Zu diesem Baum besteht seitens Herbert und Diana – ja, man kann es so sagen – eine Hassliebe. Diana hat ansonsten sehr viel für Pflanzen übrig, so viel, dass sie sie nach den Richtlinien von Feng-Shui pflanzt und pflegt. Das bedeutet, dass möglichst viele verschiedene Sorten zusammen wachsen sollen und dass es keine geraden Linien und Kanten in einem Garten geben sollte. Die Energie und der Wind und das Licht sollten frei miteinander spielen können. Diana widmet sich gern dieser Aufgabe. Und auch einer anderen: Sie wäscht die Sachen von Herberts Sohn. Der studiert hart, wie sie sagt, und da hilft sie ihm mit der Wäsche. Sie bügelt sogar seine T-Shirts, es sind bestimmt 110, glaubt sie. In der Küche ist Herbert der Chef. Er ist das gewohnt, er hat seinen Sohn allein erzogen. Diana kommt von der Nordsee und ist erst vor zwei Jahren zu Herbert gezogen. Kennengelernt haben sie sich in einem Literaturclub. Auf einer Lesung von Herbert, für die sie extra vom Norden hierher gereist kam. Sie schreibt auch selbst. Diana nutzt ihre Zeit sehr gut. Sie hat viel davon, denn sie ist frühpensioniert. Nur Tischtennis kann sie nicht ganz so viel spielen wie Herbert, der das liebt. Sie hat es im Kreuz.

[Uhles]

20 mittelgroße Kartoffeln reiben

3 - 4 Eier mit

1 TL Salz und

1 Prise Pfeffer

verquirlen.

Kartoffelwasser abschütten und Kartoffelmasse
+ Stärke + Eiermischung vermengen

Auflaufform mit Margarine ausstreichen und
mit Paniermehl ausstreuen

Masse halb in Auflaufform einfüllen
und mit geräuchertem mageren Speck (oder Mettwürstchen)
belegen Restliche Masse auffüllen.

Im Backofen bei 200°C mindestens
2 - 2,5 Stunden auf der mittleren
Schiene (ohne Deckel)

Uhles

20 mittelgroße Kartoffeln
(gerieben)
3-4 Eier
1 TL Salz
1 Prise Pfeffer
Stärke
Geräucherter magerer Speck
(oder Mettwürstchen)

Eier mit Salz und Pfeffer verquirlen. Kartoffelwasser abschütten und Kartoffelmasse mit Stärke und der Eiermischung vermengen. Auflaufform mit Margarine ausstreichen und mit Paniermehl ausstreuen. Masse halb in Auflaufform einfüllen und mit dem Speck (oder Mettwürstchen) belegen. Restliche Masse auffüllen. Im Backofen bei 200 °C mindestens 2-2½ Stunden auf der mittleren Schiene ohne Deckel garen.

Eierküchlein

Que Phuong Nham und Thanh Kam Chau, Koblenz

GERADE IM RECHTEN Moment bei den Chau-Nhams reinspaziert: Die kleinen Eier-Aufläufe kamen frisch aus dem Ofen. Que Phuong hat sie zum ersten Mal probiert, das Rezept hat sie sich von einer Freundin geben lassen. Und ihre Tochter findet sie so lecker, dass sie ihre Mutter nicht mal reinbeißen lassen will und schreit wie am Spieß. Anfangs, als der Besuch im Wohnzimmer steht, räumt das Mädchen auch sein gesamtes Spielzeug weg, hinter die Couch. Und dabei hätte man fast übersehen, was für ein großartiges Laufrad der Papa gebaut hat. Das ganze Ding ist selbst gebastelt, bis auf die Räder. Und der Sitz ist sogar in der Höhe verstellbar. Papa ist auch vom Fach: Thanh Kam arbeitet für eine Firma, die Bremsen und überhaupt die Sicherheit von Autos testet. Que Phuong ist viel zu Hause, mit der Kleinen, und geht oft zu ihren Schwiegereltern rüber. Ihre eigenen Eltern leben noch in Vietnam. Da hatten sich Que Phuong und Thanh Kam kennengelernt. Seine Eltern sind chinesischer Abstammung und schon vor langer Zeit aus Vietnam nach Deutschland gekommen. Thanh Kam ist also hier aufgewachsen, und als er mal zu Besuch in der Heimat seiner Eltern war, – da hat er sich in Que Phuong verliebt. Zwei Jahre ist er „gependelt", zwischen den Welten, und dann kam sie mit zu ihm. So wie die gigantische Hängematte, die sie aus Vietnam mitgebracht haben. Vielleicht auch, weil die Deutschen es nicht gelernt haben, sich so richtig entspannt baumeln zu lassen? Das Deutsche fällt Que Phuong schwer, sie lernt noch, und deswegen hat sie noch nicht so viele Leute hier kennengelernt. Wenn sie mit ihrer Tochter allein zu Hause ist, dann stört sie die Stille, und sie macht Musik an. Chinesische oder vietnamesische, die hat sie von daheim mitgebracht.

旦撻 (10只)

皮：面粉 160 g
　牛油 100 g
　糖 03 湯匙, 奶水 1 湯匙. 旦黄 1只.
　撈匀入雪柜 10分.
汁：鸡旦 03 只, 水一碗 (300cc)
　糖 03 湯匙, 奶水一湯匙.
　Vanille 布甸粉半匙.

Eierküchlein

Teig
160 g Weizenmehl
100 g Butter
3 EL Zucker
1 EL Milch
1 Eigelb

Füllung
3 Eier
200 ml Wasser
3 EL Zucker
½ Päckchen Vanillezucker

Aus den Zutaten einen Teig kneten und 10 Minuten in den Kühlschrank stellen. Anschließend auf kleine Förmchen verteilen. Für die Füllung alle Zutaten mischen und in die Teigförmchen füllen. Bei 150 °C ca. 40 Minuten backen.

Schweinelendchen Melba

Nicole Schünemann, Weiterstadt

SO HÄUFIG KOMMT das ja nicht vor, dass Eltern und Kinder die gleichen Dinge gerne tun. Manche Mütter können es nicht leiden, kleine Knetmännchen oder Kastanien-Igel zu basteln. Und manche Männer – aber nicht ganz so viele – stehen nicht so auf Lego wie ihre Söhne. In der Familie Schünemann aber scheint es mit den gemeinsamen Hobbys keine Probleme zu geben. Nicole liebt es zu basteln, ihr ganzes Haus ist dekoriert, und zu jeder Jahreszeit gibt es die passende Ausstattung. Jetzt gerade Kürbisse und Halloween. Und auch das Zimmer ihres achtjährigen Sohnes – der gerade auf einem Kindergeburtstag ist – ist voll mit Bastelsachen, in jeder Ecke steckt was Kreatives. Die Sammlung an Lego-Männchen, die da auf der Stereoanlage steht – gemeinhin das Heiligtum der Eltern –, die stammt aber nicht von ihm. Sondern von seinem Papa. Und die ist extra weit oben positioniert, damit die Kinder nicht so leicht dran kommen. Ist aber nicht so, dass Jannis nicht auch Lego hätte. Beziehungsweise: Lego-Figuren. Die sind noch interessanter als Lego-Steine. Und weil man nicht immer wissen kann, welche in einem Päckchen drin sind, gab es mal Tränen, weil der Nachbar eine Karate-Figur von Lego bekam. Und das Haus Schünemann nicht. Jannis und Nicole machen auch eine Art Kampfsport: Ju-Jutsu. Zusammen, natürlich. Zum Arbeiten gehen die Eltern aber schon noch allein. Nicole ist OP-Schwester und sagt, die aufregendste Operation sei die gewesen, als sie mal einem südamerikanischen Drogenkurier die Plastikbeutel mit Stoff drin aus dem Magen holen mussten; während ein Polizist im OP-Saal Wache stand. Nicoles Mann ist Flugzeugtechniker und arbeitet für die Lufthansa. Ob der Drogenkurier womöglich in einem seiner Flugzeuge gesessen hat, ließ sich aber – trotz Polizist – nicht eruieren.

Schweinelendchen Melba 5 Pers.

3 Schweinelenden
2 gr. Dosen Pfirsiche
250 gr. Chilli - Sauce Knorr
150 gr. Creme fraiche
Salz   Bunter Pfeffer   Öl
Lendchen von Haut und Sehnen befreien
Kurz abwaschen, Auflaufform (Blech) einfetten
Lende mit Pfeffer würzen   30-40 min 225°
Pfirsiche in einer Schale ca 10 min in den
Ofen . Chillisosse mit Bratsud im Topf
erwärmen Creme fraiche + etwas Pfirsischsaft
dazugeben nach Geschmack   Reis / Kroketten

Schweinelendchen Melba

3 Schweinelendchen
2 große Dosen Pfirsiche
250 g Chili-Soße Knorr
150 g Crème fraîche
Salz
Bunter Pfeffer
Öl

Lendchen von Haut und Sehnen befreien. Kurz abwaschen. Auflaufform (Blech) einfetten. Lenden mit Salz und Pfeffer würzen und bei 225 °C etwa 30-40 Minuten in den Ofen geben. Pfirsiche in einer Schale ca. 10 Minuten in den Ofen. Chili-Soße mit Bratensud im Topf erwärmen, Crème fraîche und nach Geschmack etwas Pfirsichsaft dazugeben.

Hot Dog

Steffen Müller, Kaiserslautern

ES GIBT MENSCHEN, da muss man ganz genau hinschauen. Man sieht dann: Da hat sich einer echt was gedacht, und zwar bis ins letzte Detail der Dinge. Steffen Müller beispielsweise, der hat all seine Liebe zum Detail auch in seinen Zweitjob gesteckt. Hauptsächlich arbeitet er bei einem Autozulieferer, aber nebenbei verkauft er Heiße Hunde. Unter dem Namen „Tom's Original Hot Dogs". Also, genau besehen ist sein Verkaufswagen eine Kreuzung aus Biene und Heißem Hund. Das dreirädrige Chassis ist nämlich aus Italien, und die heißen da Ape, also Bienen. Wenn man Ketchup oder Senf aufs Hot Dog quetscht, kann man aber auch den Eindruck bekommen, man hätte es hier mit einer Kuh zu tun, bisschen wie Euter, die Dinger. „No Trennkost" steht auf dem Würstchen-Tütchen. Und „When things get Wurst" steht auf dem Wagen, so'n bisschen Zen-mäßig. Lecker und beliebt sind die Würste von Steffen, vielleicht auch, weil er sie lieber grillt statt sie zu kochen oder zu dämpfen. Gibt mehr Geschmack. Wenn sein Verein spielt – der 1. FC, wer sonst? –, steht er vor dem Stadion. Manchmal aber auch vor Firmenpartys oder anderen Events. In seiner Freizeit mag Steffen Spaghetti. Und Pferde. Auf denen steht aber nicht „When things get Wurst".

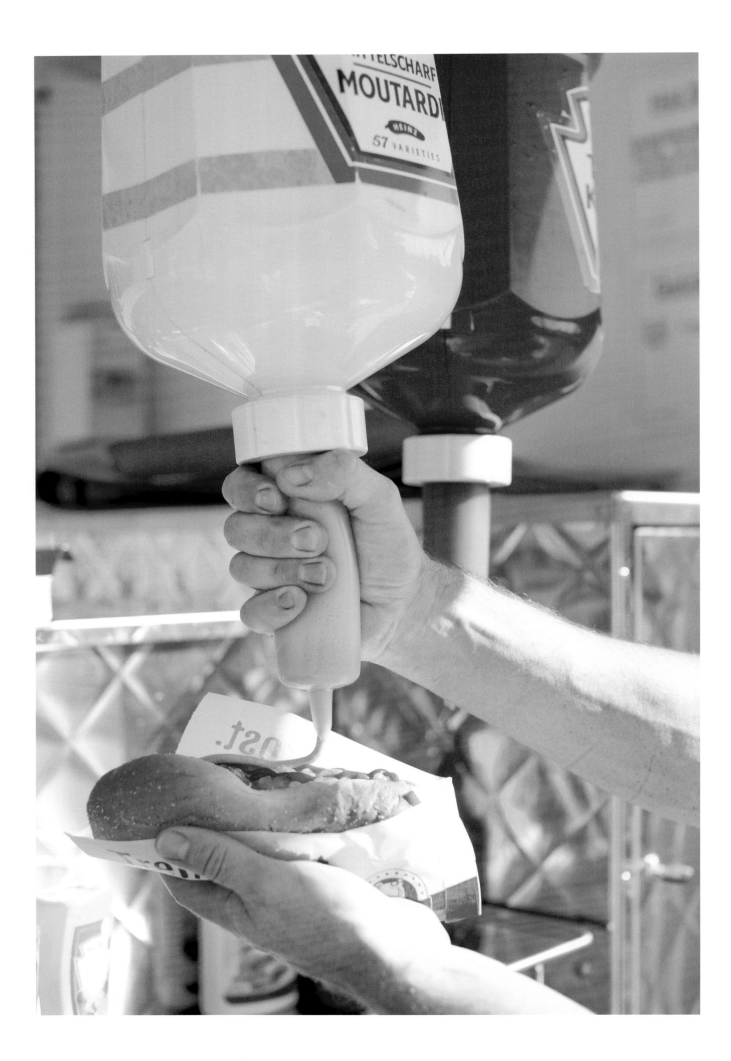

Hot Dog

Brötchen	
Bockwürstchen	
Sauerkraut	Brötchen im Wasserdampf weich machen. Würstchen
Hot-Dog-Relish	grillen, Würstchen ins Brötchen legen. Sauerkraut über
Senf	die Wurst legen, dann das Hot-Dog-Relish drübergeben.
Ketchup	Zum Schluss Senf und Ketchup.

Pizza

Ute Bako, Wuppertal

WENN MAN SICH das so vorstellt: Man liegt im Bett, wacht am Morgen auf, reibt sich die Augen, guckt zum offenen Dachlukenfenster und ruft laut: „Bist du schon wach?" – So laut, dass es die Nachbarin in ihrem Bett unter der Dachluke in ihrem Dachschrägen-Zimmer hören kann. Wenn man sich das vorstellt, erscheint es einem schon seltsam und fast ein bisschen zu intim. Für Lena aber ist es ganz normal, ihre Freundin wohnt im Nachbarhaus. Und wenn man in so einem Reihenhaus wohnt, ist man ohnehin meistens sehr eng mit den Nachbarn. Die Großen grillen miteinander, die Kleinen spielen und die dazwischen ziehen sich eben in ihre Dachstübchen zurück und quatschen da miteinander. Vermutlich über die Großen und die Kleinen. Oder über Mama und ihre Küchenmaschine und was wieder Leckeres dabei rauskommt. Ute Bako hat so ein Zauberding, da steckt man Mehl und Wasser rein und dann kommt Pizza unten raus. Na ja, nicht ganz fertig, aber halb. Ute kocht und backt sehr gern, aber es ist schon auch nett, wenn man sich dabei helfen lassen kann. Bei drei Kindern. Utes Mann ist oft länger weg, er arbeitet für Bayer im Einkauf, als Nächstes stehen für ihn Finnland und China auf dem Programm. Wenn der kleine Jonas ein bisschen älter ist, will Ute auch unbedingt wieder mehr arbeiten. Sie war zuletzt in einem Kaufhaus als Verkäuferin, und ihr Job fehlt ihr sehr. Sie braucht den Umgang mit Menschen. Also, auch mal mit Großen. Von Kleinen und Mittleren hat sie ja genug.

Pizza

Für den Teig:
350 g Mehl
200 g Wasser (lauwarm)
1½ Würfel Hefe
1 TL Salz
1 Prise Zucker

alles gut kneten

Für den Belag:
Spinat
Thunfisch
Pizza-Soße o. frische Tomaten
Gauda

200 °C ca. 25 min.

Pizza

Teig
350 g Mehl
200 ml Wasser (lauwarm)
½ Würfel Hefe
1 TL Salz
1 Prise Zucker

Belag
Spinat
Thunfisch
Pizzasoße oder frische Tomaten
Gouda

Für den Teig alle Zutaten gut miteinander verkneten. Den Teig ausrollen, auf ein gefettetes Backblech geben und belegen. Bei 200 °C ca. 25 Minuten backen.

Himbeer-Feigen-Risotto

Anastasia Blädel und Florian Westrich, Kaiserslautern

ANASTASIA UND FLORIAN haben ihren Weber-Grill immer auf der Plattform in ihrem Garten stehen. Hier grillen sie mit Freunden, sie haben einen schönen Ausblick und bald wollen sie auch einen Tisch aufstellen, damit sie morgens in der Sonne frühstücken können. Dann schnurrt ihre Katze Trinity sicher selig in der Wärme. Trinity heißt so, weil sie mit ihr zu dritt sind. Gerade machen die drei eine Woche Ferien zu hause. Um sich ein wenig zu erholen, und Florian braucht immer mal wieder ein wenig Abstand zu seinem Beruf. Er ist Polizist und erlebt auf der Streife öfter mal „extreme" Sachen, die ihn doch sehr beschäftigen. Dann kann er aber auch zu Anastasia gehen, die arbeitet in einem riesigen Schwimmbad mit Sauna. Sie wird ausgebildet zur Sport- und Fitnesskauffrau. Im Schwimmbad haben sich Anastasia und Florian auch kennengelernt, und zwar nicht in irgendeinem, sondern in der „Wesch". Das ist ein riesiges Freibad, auf das sie sehr stolz sind; es wurde schon zur Jahrhundertwende gebaut, zur vorletzten. Weil sie beide körperlich fit sein müssen, für extreme und für sportliche Einsätze, ernähren sie sich recht gesund: viel Gemüse, viel Obst, mal eine Melone und, na ja, schon auch mal ein Schlückchen Geistiges.

Himbeer-Feigen-Risotto

Zutaten: 220g Himbeeren (TK)
5 Frische Feigen
50g weiße Schokolade
50g Zucker
250g Risottoreis
150ml Prosecco
1l Milch
40g Butter
30g Puderzucker
2EL Himbeergeist (oder Himbeersirup)

Zubereitung: Die Himbeeren auftauen lassen. Die Feigen schälen und in kleine Würfel schneiden. Die Schokolade fein hacken. Den Zucker in einem Topf bei geringer Hitze langsam schmelzen, ohne ihn braun werden zu lassen. Den Reis zugeben und glasig schwitzen. Mit dem Prosecco ablöschen und unter ständigem Rühren einkochen lassen, bis der Reis die meiste Flüssigkeit aufgenommen hat. 1/4 der Milch zugießen, den Reis unter ständigem Rühren wieder einkochen, den Vorgang mehrmals wiederholen, bis die Milch aufgebraucht ist. Der Reis sollte dann 20 Minuten gekocht haben. Anschließend die Butter, Schokolade und Feigenwürfel unterziehen, aufkochen lassen und vom Herd nehmen. Von den aufgetauten Himbeeren 20g beiseite stellen. Die restlichen Himbeeren mit dem Puderzucker und Himbeergeist pürieren. Nun die Hälfte der ganzen Himbeeren daruntermischen. In schöne Portionsgläser ab-

wechselnd Feigenrisotto und Himbeerpüree schichten, mit dem Feigenrisotto abschließen. Die Desserts mit den restlichen Himbeeren dekorieren und sofort servieren. Guten Appetit.

Himbeer-Feigen-Risotto

220 g Himbeeren (tiefgekühlt)
5 frische Feigen
50 g weiße Schokolade
50 g Zucker
250 g Risottoreis
150 ml Prosecco
1 l Milch
40 g Butter
30 g Puderzucker
2 EL Himbeergeist (oder Himbeersirup)

Die Himbeeren auftauen lassen. Die Feigen schälen und in kleine Würfel schneiden. Die Schokolade fein hacken. Den Zucker in einem Topf bei geringer Hitze langsam schmelzen, ohne ihn braun werden zu lassen. Den Reis dazugeben und glasig schwitzen. Mit dem Prosecco ablöschen und unter ständigem Rühren einkochen lassen, bis der Reis die meiste Flüssigkeit aufgenommen hat. Ein Viertel der Milch zugießen, den Reis unter ständigem Rühren wieder einkochen, den Vorgang mehrmals wiederholen, bis die Milch aufgebraucht ist. Der Reis sollte dann 20 Minuten gekocht haben. Anschließend die Butter, Schokolade und Feigenwürfel unterziehen, aufkochen lassen und vom Herd nehmen. Von den aufgetauten Himbeeren 20 g beiseite stellen. Die restlichen Himbeeren mit Puderzucker und Himbeergeist pürieren. Nun die Hälfte der ganzen Himbeeren darunter mischen. In schöne Portionsgläser abwechselnd Feigenrisotto und Himbeerpüree schichten, mit dem Feigenrisotto abschließen. Die Desserts mit den restlichen Himbeeren dekorieren und sofort servieren.

Fajitas

Christine und Christoph Zenger, Kaiserslautern

CHRISTINE IST IN Kaiserslautern geboren und auch immer hier geblieben, das klappt sogar beruflich, sie fährt dann eben jeden Tag die 60 Kilometer zu SAP nach Heidelberg. Sie fühlt sich sehr wohl hier, auch in ihrem neuen Häuschen. Man kann im Wald laufen gehen und Rad fahren – und auch mal eine Spritztour machen mit der wunderschönen weißen Vespa. Christine und Christoph lieben beide das Reisen und Sport draußen – das sieht man sofort, wenn man sie besucht und eben mal austreten muss. Im Gästebad zeigt sich ja bei den meisten Menschen, wofür sie sich interessieren: Bei den Zengers liegen hier Reise- und Automagazine. Christoph hätte später, wenn er mal groß und reich ist, gerne eine Harley Davidson. Der Mann im Hause kocht hier auch. Und weil er in Texas geboren wurde, wo sein Vater mal stationiert war, hat er noch immer was für Tex-Mex übrig: scharf und Bohnen und Fleisch und zum Schluss Käse drüber. Christoph mag es exotisch. Er schwärmt von der Karotten-Orangen-Suppe, die ihm eine Kollegin mal empfohlen hat. Und er fährt auch gern in sehr weit entfernte Länder, kürzlich waren sie in Namibia. Natürlich grillt er auch gern. Wenn Freunde kommen, auf dem großen kugeligen Weber-Grill; und wenn sie nur zu zweit sind, benutzen sie einen kleinen. Am Wochenende wird Rasen gemäht. Das sei dann immer so eine Art Wettbewerb unter den Nachbarn, sagt Christoph und lacht. Er mag das hier. Das Unkraut im Rasen ist, so scheint es, das Einzige, was die Zengers ein bisschen nervt.

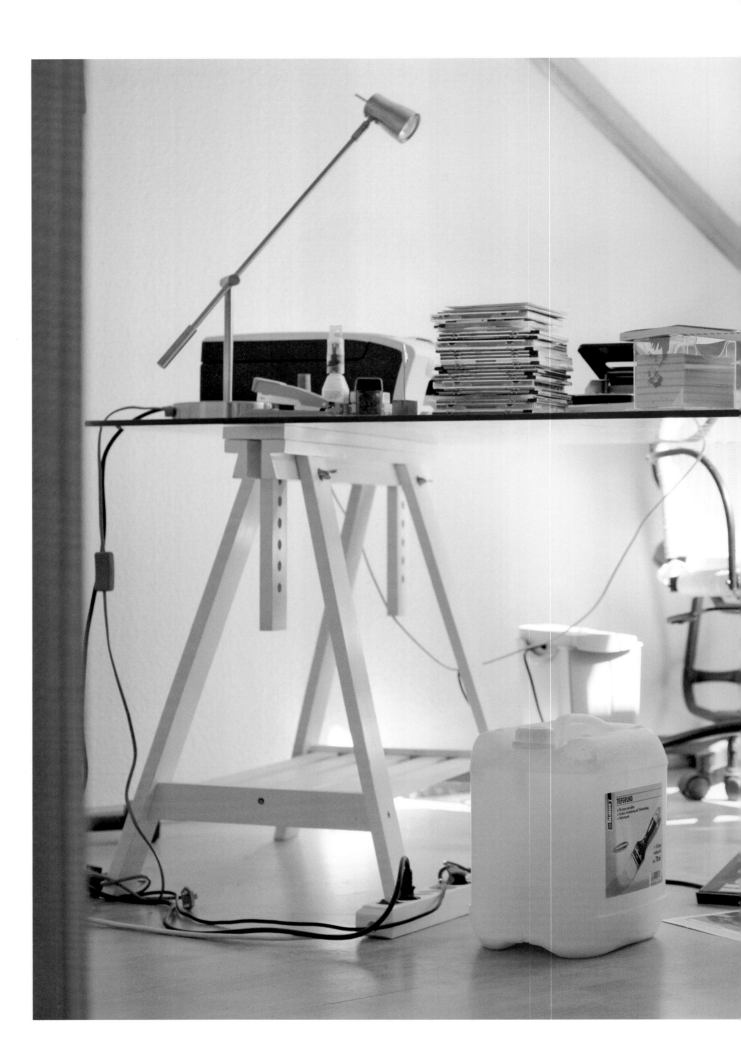

Fajitas

500 g Rumpsteak
1 Paprika
1 große Zwiebel
1 Becher saure Sahne
1 Bund Petersilie oder Koriander
Saft einer halbe Limette
Knoblauch (1 oder 2 Zehen)
Kreuzkümmel
Salz, Pfeffer
1 frische Chilischote
Geriebener Käse
Salsa
Tortilla-Fladen

Paprika und Zwiebel in Streifen schneiden. Rumpsteak ebenso in schmale Streifen schneiden. Steakstreifen mit Pfeffer, Kreuzkümmel, klein geschnittenem Knoblauch und klein geschnittener Chilischote scharf anbraten. Paprika und Zwiebel kurz danach dazugeben. Alles mit dem Saft der Limette, Salz und der frischen Petersilie abschmecken. Alles nicht zu lange anbraten. Die Steakstreifen sollten noch rosa sein. Nach dem Braten die Steakstreifen, Paprika und Zwiebel in die Tortillas füllen und mit saurer Sahne, Salsa und geriebenem Käse nach Belieben ergänzen.

Soja-Eier

Lin Lin Dong und Changyong Chen, Hennef

OFFIZIELL SIND LIN LIN und Changyong nach Deutschland zum Studieren gekommen. Im tiefsten Herzen aber hatte Changyong einen anderen Grund, weshalb er sich ausgerechnet dieses Land in Europa ausgesucht hat. Und zwar: wegen des Fußballs. Changyong war immer schon ein Fußballfan, und die Deutschen erschienen ihm zumindest in dieser Kulturtechnik als die besten. Außerdem hat ihm das Sozialsystem von Deutschland behagt. Seit er hier ist, kann er nun viel guten und auch mal weniger guten Fußball sehen, und er hat noch ein paar andere Unterschiede zu China gefunden. Zum einen, sagt er, seien die Menschen in Europa religiöser, was zu mehr Kriegen führe. Das Essen in Deutschland findet er ziemlich, nun ja, beschränkt. Im wörtlichen Sinne. In China gibt es nämlich viel mehr billige und gute Restaurants, da kann man öfter essen gehen. Und dann findet man auf der Speisekarte nicht nur 20 oder 30 immer gleiche Gerichte, sondern man hat eine viel größere Auswahl. Zudem hat seine Frau Lin Lin hier lange suchen müssen, um einen Kindergartenplatz für ihre Tochter Jiagi zu finden. Gibt es ja nicht. Sie möchte gern weiter studieren und nicht immer fürs Essen zuständig sein. Ihr Mann kocht eigentlich lieber als sie. Sie schmeißt halt immer alles so zusammen, was im Kühlschrank und was chinesisch ist. Hundertpro schmeckt das köstlich, besser jedenfalls, als wenn man Schmelzkäse aus dem Kühlschrank und, sagen wir mal, Sojasoße zusammenpanschen würde. Eier mit Sojasoße nennt man im Chinesischen Bauern-Eier. Also fast wie ein Bauernfrühstück, nur ohne Speck und mit ... Ach was, man muss ja nicht alles vergleichen! Ihrer Tochter liest Lin Lin chinesische Kinderbücher vor, damit sie ihre Muttersprache auch mal schreiben und lesen kann. Und sie hat ihr natürlich auch schon chinesische Nudeln gemacht, denn die sind besonders gesund für Kinder. Mochte Jiagi aber nicht. Sie bevorzugt Spaghetti.

香巴佬鸡蛋

1. 10个鸡蛋煮熟. 去皮.

2. 200g 酱油. 100g 糖. 100g水混合
   烧开放入熟鸡蛋. 中火加热20分钟. 期间不时搅动.

3. 关火把鸡蛋和汤一起倒入容器中
   放入冰箱一天.

4. 开吃……

Soja-Eier

10 Eier
200 g Sojasoße
100 g Wasser
100 g Zucker

Eier ca. 5 Minuten in Wasser kochen. Sojasoße, Zucker und Wasser mischen. Zum Kochen bringen und Eier wieder einsetzen. 20 Minuten kochen, auf mittlerer Stufe. Nicht vergessen zu rühren. Danach alles in einen Behälter geben, 10 Minuten ruhen lassen und vor dem Verzehr einen Tag lang im Kühlschrank aufbewahren.

Torte Natascha

Lidija Denisov, Bonn

H EUTE IST LIDIJA zufällig zu Hause, normalerweise arbeitet sie: 12 Tage hintereinander und dann hat sie zwei Tage frei. Sie ist Altenpflegerin. Wenn sie frei hat, sitzt sie gerne im Garten, an der frischen Luft. In ihrem Haus leben sie zu fünft: Lidijas Mann natürlich, die Tochter Irna und der Sohn, und ihre Mutter. Ihre ganze Familie lebt in Deutschland, deshalb hat sie kaum Heimweh nach Russland. Ihr Mann fährt alle zwei Jahre dorthin, um seine Mutter zu besuchen. Irgendwie hat sich Lidija Russland in ihrem Haus bewahrt, denn fast alle Dinge stammen von dort, sogar der Suppenlöffel. Das einzige, was ihr manchmal fehlt, sind die Feste. In ihrer alten Heimat haben die Leute viel mehr gefeiert, zu Hause und auch auf der Straße. Hier kommt es Lidija manchmal so still vor. Für Feste bereitet sie dann auch gern mal eine Torte zu. Die Torte Natascha ist ein praktischer Kuchen, denn er ist weiß – und man kann ihn bunt dekorieren, je nachdem ob man beispielsweise einen Kindergeburtstag feiert (dann kann man Smarties drauflegen) oder eher was für Erwachsene. Lidija hat all ihre Rezepte in ein Buch geschrieben, bevor sie Russland verlassen hat. Und daran merkt man mal wieder: Wie viele Heimatgefühle doch im Essen stecken.

Торт Наташа.
½ Стак сахара, 1 яйца, ½ стак муки
½ Стак сметаны
1ч и соды (гашеную уксусом)
1ч и крахмала
Зделать 4 коржа
1 - изюмом
2 - орехи
3 - какао
4 - мак
        Крем заварной
½ стак сахара, 1 яйцо, всё хорошо
взбить добавить 1стк молока
Всё это вскипятить и поставить
остужать
Потом взять 200гр масла и ~~постепен~~ постепенно
порциями вливать туда
приготовленую массу,

Torte Natascha

½ Glas Zucker
1 Ei
½ Glas Mehl
½ Becher Schmand
1 EL Backpulver
(alle obigen Zutaten vier Mal
bereitstellen)
Jeweils 100 g Walnüsse, Mohn,
Rosinen und Kakao

Crème
½ Glas Zucker
1 Ei
200 g weiche Butter

Alle Zutaten gut miteinander verrühren, und zwar vier Mal, sodass man vier Schüsseln Teig erhält. In die Schüsseln einmal Walnüsse, einmal Mohn, einmal Rosinen und einmal Kakao geben und mit dem Teig jeweils vermengen. In runde Backformen füllen und im vorgeheizten Ofen backen (200 °C). Den Zucker mit dem Ei verschlagen. Ein Glas Milch hinzugeben, verrühren und aufkochen lassen. Alles abkühlen lassen. Die Butter portionsweise hinzugeben und zu einer Creme verrühren. Die einzelnen abgekühlten Tortenböden mit der Crème bestreichen und aufeinandersetzen. Zum Schluss die gesamte Torte bestreichen.

Schweinekoteletts

Matt Bartram, Kaiserslautern

ARUM GIBT ES für dieses Verlangen kein Wort, so wie Sehnsucht oder Heimweh? Ess-weh, Schmecksucht, Heimschmeck? Sie verstehen nicht? Dann so: Einmal, da hatte Matthew Bartram so ein irrsinnige Lust auf die Schweinekoteletts, die seine Mutter daheim in South Carolina immer macht. Er bat sie um das Rezept. Und noch heute hat er diesen Brief von ihr in der Küchenschublade, Pork Chops aus dem Jahre 1997. Seit 20 Jahren arbeitet er für die US-Armee, er war in vielen Ländern, seit fünf Jahren ist er in Deutschland. In Ramstein, in der Kaserne, isst er immer zu Mittag. Und dass er da auch einkauft, sieht man, wenn man seinen Kühlschrank öffnet. Da steht sogar eine halbe Gallone Milch der U.S. Forces Europe drin. In Matts Siedlung lebt eine alte Dame, die lädt ihn mindestens einmal die Woche zum Abendessen ein. Und sie hilft ihm auch, wenn er mal Deutsch verstehen muss. Braucht er aber selten, denn die Deutschen sprechen ja eh alle Englisch. Seine Mutter hatte zum Schluss geschrieben, dass er sie ruhig anrufen solle, wenn er Fragen habe, wegen der Koteletts. Aber ehrlich gesagt (und Matt ist jetzt ehrlich): Es ist das so ein Zeitaufwand! – Anderthalb Stunden dauern die schon, die extra-saftigen Pork Chops seiner Mom. Also, da holt er sich doch lieber einen Burger oder eine Bratwurst. Man kann Heimschmeck eben nicht überall haben.

July 30, 1997

Matt Bartram
2234 Preot Street
Sumpter, SC 29150-5914

Dear Matt:

Here is how you do the pork chops. Ask your butcher to cut you
"pork loin chops" 1 & 1/2 inch thick, at least, per serving.
2 people, 2 chops

When you get them, remove excess fat to just a small sliver of
fat around.

Place in baking dish. Cover each chop with a layer of sliced
onion. They may overlap, don't worry. Top these slices with a
layer of sliced lemon. (Take seeds out) Then add 2 HEAPING
Tablespoons (the big one) of brown sugar and on top of that add 2
HEAPING tablespoons of Ketchup on top of that. Everything is
just piled on. Then cover with foil or lid and bake in preheated
oven (to cook preheated, set temp and when red light goes off,
put in) (if 1 & 1/2 thick) bake at 375 degrees for 1 hour.
Uncover and cook an additional 30 minutes or until sauce starts
to reduce and meat is tender. Check before serving to see if
tender. If chops thicker may need to increase cooking time for
covered and uncovered.

When done, I like to drain sauce off chops into skillet. Bring
to fast (on med high) boil until starts to thicken and pour over
chops before serving. After boiling becomes like a think glaze.
Adds a nice sauce and additional flavor. (Sounds so good may
need to have for dinner.)

Hope this will help in your cooking department   If you have any
questions, give me a call.

Schweinekoteletts

Lieber Matt,

hier das Rezept für die Schweinekoteletts. Bitte deinen Fleischer, dir
Schweinekoteletts aus der Lende zu schneiden, etwa 4 cm dick sollten sie
mindestens sein. Für 2 Personen brauchst du 2 Koteletts.

Zu Hause schneidest du das überschüssige Fett bis auf einen kleinen Streifen ab.

Dann legst du die Koteletts in eine Auflaufform. Auf jedes Kotelett gibst du eine
Schicht Zwiebelstreifen, sie dürfen ruhig überhängen, das macht nichts. Darauf
gibst du eine Schicht Zitronenscheiben (ohne Kerne). Dann 2 gehäufte Esslöffel
(das sind die großen) braunen Zucker und darauf 2 gehäufte Esslöffel Ketchup. Du
schichtest einfach alles übereinander. Dann bedeckst du die Form mit Alufolie oder
einem Deckel und schiebst sie in den vorgeheizten Backofen (zum Vorheizen die
Temperatur einstellen und erst reinschieben, wenn die rote Lampe ausgeht). Wenn
die Koteletts 4 cm dick sind, müssen sie bei 190 °C für 1 Stunde in den Backofen.
Dann nimmst du die Folie oder den Deckel ab und lässt sie weitere 30 Minuten
braten oder bis die Soße einzukochen beginnt und das Fleisch zart ist. Vor dem
Servieren prüfen, ob das Fleisch zart ist. Dickere Koteletts müssen mit und ohne
Deckel länger im Ofen bleiben.

Dann gieße ich die Soße von den Koteletts gerne in einen Topf, bringe sie
schnell (bei mittlerer Hitze) zum Kochen, bis sie eindickt, und gieße sie vor dem
Servieren über die Koteletts. Durch das Einkochen wird sie wie eine dicke Glasur.
Auf diese Weise hast du eine leckere Soße und zusätzlichen Geschmack. (Das klingt
so lecker, ich glaube, ich muss sie mir zum Abendessen machen.)

2 Schweinekoteletts
Zwiebeln
Zitronen
2 gehäufte EL brauner Zucker
2 gehäufte EL Ketchup

Russische Crêpes mit Füllung

Natalia und Alexander Engelmann, Meckenheim

MANCHE MENSCHEN BRAUCHEN ein halbes Leben, um herauszufinden, was der richtige Beruf für sie wäre. Manche finden ihn nie. Und einige wissen es quasi schon, bevor sie ihn buchstabieren können. Alexander Engelmann ist eher einer von dieser rareren Sorte. Schon immer wollte er was mit Elektrik zu tun haben. Als Kind hat er gern seine Finger in Dosen gesteckt, sagt er, es ist aber schon damals nichts passiert. Als wär's ein Zeichen. Das Tolle an seinem Beruf des Elektrotechnikers ist für ihn aber gar nicht unbedingt nur die Technik, sondern es sind die Menschen. Er liebt es, zu ihnen nach Hause zu kommen und ihnen zu helfen. Er trinkt dann gern eine Tasse Kaffee und hat Freude daran herauszufinden, warum die Energie irgendwo stockt. Versteht sich von selbst, dass er an seinem Motorrad rumbasteln kann. Seine Frau hat Alexander vor zehn Jahren zum ersten Mal getroffen, und zwar auf einer Hochzeit. Hochzeiten haben so was an sich. Da liegt Liebe in der Luft. Die springt manchmal über, vom Brautpaar zur Hochzeitsgesellschaft, wie ein kleiner betörender Amor, der von einer Schulter zur anderen hüpft. Es hat ein wenig gedauert, bis er Alexander und Natalia vereint gekriegt hat, aber jetzt sind sie verheiratet. Um in Deutschland bleiben zu können, muss Natalia Deutsch lernen, drei Stunden Crash-Kurs täglich. Nachmittags geht sie putzen. Auch Natalia kennt die Häuser der Menschen hier also recht gut von innen. Alexander nämlich sagt, aufgrund seines Traumberufs kenne er jeden Winkel von Bonn. Auch das ist es, was er daran so schätzt.

Блинчики с мясом.

Тесто для блинчиков:

2 яица
0,5 л. молока
0,5 стакана воды
2,5 стакана муки
2 ч. л. сахара
1 ч. л. соли
2 ст.л. подсолнечного масла

Начинка:

0,5 кг. мясной фарш
масло подсолнечное
1-2 г. лука
1 ст. риса

Фарш с луком обжарить на
сковороде, рис сварить. Смешать
все вместе.

Начинить блинчики. Готово!
Быстро и вкусно!

Russische Crêpes mit Füllung

Crêpes
2 Eier
½ l Milch
½ Glas Wasser
2½ Gläser Mehl
1 TL Zucker
1 TL Salz
2 EL Pflanzenöl

Füllung
½ kg gemischtes Hackfleisch
Etwas Pflanzenöl
1-2 normale Zwiebeln
1 Glas Reis

Aus Eiern, Milch, Wasser, Mehl, Zucker und Salz einen Crêpeteig rühren. Die Crêpes in der Bratpfanne braten, 1 großer Esslöffel für eine Crêpe. Hackfleisch mit klein gehackter Zwiebel braten, abkühlen, gekochten Reis hinzugeben und vermischen. Wenn die Zutaten fertig sind, 1 Esslöffel Füllung auf eine Crêpe legen und danach aufrollen – fertig ist dein Lieblingsgericht!

Basilikum-Pesto

Tarsi Kalogera und Pietro Frisella, Wuppertal

ENN ER GANZ ehrlich sein soll, dann muss Pietro zugeben, dass er sein Italienisch nicht mehr ganz so perfekt beherrscht. Er hat es leider verlernt, nicht nur weil er schon in Wuppertal lebt, seit er vier ist. Bestimmt auch, weil er mit seiner Freundin deutsch redet. Sie ist nämlich geborene Griechin, und irgendwie muss man ja auch kommunikativ zusammenkommen. Wo sich Pietro und Tarsi sehr einig sein müssen, ist ihre Vorstellung von einem Heim. Genauer gesagt: von einem Bad. Das Bad, das sie sich in diesem Haus eingerichtet haben, ist einzigartig. Umwerfend. Riesig. Ein Palast von Bad. Wie eine Insel im Mittelmeer. Dafür haben sie ein Schlafzimmer geopfert. Es flackert sogar eine Flamme im Bad, aber nicht die olympische. Und Tarsi hat sich eine Art Sex-and-the-City-Traum erfüllt und einen begehbaren Kleiderschrank eingerichtet. Selbstverständlich stehen da ein paar Schuhe … Als das männliche Pendant zu dieser Sammlung kann man Pietros Hausbar bezeichnen. Hier wird gemixt. Und jetzt ein Test: Schließen Sie die Augen und vergessen Sie alles, was Sie schon über die Bewohner dieses Hauses erfahren haben. Gehen Sie in die Küche, riechen und tasten Sie an den Kräutern! Was ist es? Bingo: Basilikum. Und jetzt gehen Sie ins Bad. Da gibt es eine extrem praktische Einrichtung, die es fast nur in südländischen Bädern gibt. Und wo man sich jedes Mal, wenn man sie sieht, fragt: Wieso haben wir so praktische Bidets eigentlich nicht? Und jetzt die Preisfrage: Woher kommt der Eigentümer dieses Hauses?

Basilikumpesto

man braucht:

Basilikumblätter (einen ganzen Strauch)
Pinienkerne   eine Handvoll
Walnusskerne   3-4 Stück
1 Knoblochzehe
Salz, Pfeffer
Parmesan   30 g
Olivenöl   100 ml

1. Pinienkerne in einer Pfanne ohne
   Fett rösten

2. Basilikum, Pinienkerne, Walnüsse,
   durchgepressten Knoblauch, 1 Prise Salz
   und Pfeffer mit den Stabmixer
   pürieren.

3. Den Parmesan hinzufügen und
   mit dem Öl vermischen.

4. Nudeln al dente kochen
   und mit etwas heißem
   Nudelkochwasser das Pesto
   verdünnen und zu den Nudeln
   geben.

                    Buon appetito!

Basilikum-Pesto

1 Bund Basilikum
1 Handvoll Pinienkerne
3-4 Walnusskerne
1 Knoblauchzehe
Salz und Pfeffer
30 g Parmesan
100 ml Olivenöl
Nudeln

Pinienkerne in einer Pfanne ohne Fett rösten. Basilikum, Pinienkerne, Walnüsse, durchgepressten Knoblauch, eine Prise Salz und Pfeffer mit dem Stabmixer pürieren. Den Parmesan hinzufügen und mit dem Öl vermischen. Nudeln al dente kochen und mit etwas heißem Nudelkochwasser das Pesto verdünnen und zu den Nudeln geben.

Panzerotti

Salvatore Mininno, Koblenz

CCOLÒ: HIER IST der echte Pizza-Könner! Salvatore hat nämlich das Pizza-Backen von der Pieke auf gelernt und 15 Jahre lang in einer Pizzeria gearbeitet, nachdem er nach Deutschland gekommen war. Wegen seiner Frau. Eigentlich wollte er nur kurz mal seine Schwester besuchen, und schwupps: amore! Panzerotti macht Salvatore aus Pizzateig. Sie sind klein und werden gefüllt und in Öl ausgebacken. Sozusagen Pizza für Fortgeschrittene. Oder Pizza für Leute, die mal was anderes wollen als Pizza, aber eben doch nicht ganz darauf verzichten können. Salvatores jüngere Tochter ist 15 und gerade bei einem Fußballspiel. Sie ist ein echter Fan, das sieht man auch an den Medaillen und Fußballbildern in ihrem Zimmer. Die Puppen im Haus, denkt man so als Besucher, können unmöglich von ihr sein. Stimmt auch: Salvatores Frau hat sie mal gesammelt. Salvatore baut gern allerhand Dinge selbst. Zum Beispiel hat er auch die Wände aus Holzlamellen selber gemacht, die die meisten Menschen, die in Reihenhäusern wohnen, als Sichtschutz zu den Nachbarn aufstellen. Damit er in der Badewanne besser sieht, setzt Salvatore Schwimmbrillen auf. Nee, Quatsch: Damit einem beim Untertauchen nicht das Wasser in die Augen rinnt. Leider hat Salvatore mit seinen Töchtern kaum italienisch gesprochen. Sie verstünden ihn nicht, wenn er jetzt in seiner Muttersprache mit ihnen reden würde. Seine Frau hat mal ein bisschen was gelernt, damit sie seine Familie versteht. Wenn sie die besuchen, einmal im Jahr, in Italien. Peccato!

Panzerotti

PREPARAZIONE

½ litro di acqua un pizzico di sale.
Lievito olio e un chilo di farina
inpastare per bene poi stendere
la sfoglia e metà della pizza
mettere pomodoro mozzarella
salame proscitto e funghi
poi viene chiusa come un calzone
e viene fritta.

Panzerotti

½ l Wasser	
Etwas Salz	
Hefe	
Olivenöl	
1 kg Mehl	Aus Wasser, etwas Salz, Hefe, Olivenöl und Mehl einen
Tomatensoße	glatten Teig kneten. Den Teig ausrollen und den Rand etwas
Mozzarella	flachdrücken. Auf die Hälfte des Teigs Tomatensoße, Mozzarella,
Salami	Salami, Schinken und Pilze geben. Die andere Teighälfte
Schinken	darüberklappen und die Ränder gut zusammendrücken. In der
Pilze	Pfanne in Öl auf beiden Seiten anbraten.

Rinderroulade

Jutta und Günter Frosch, Mainz-Kostheim

DIE FAMILIE FROSCH ernährt sich sehr gesund: Wenig Fett, viel Eiweiß, Hühnchen, und hin und wieder trinkt Günter auch mal einen Eiweiß-Trunk. Denn er läuft Marathon und sie beide radeln am Wochenende schon mal eben nach Worms, das liegt 130 Kilometer entfernt. Auch der Sohn von Jutta macht sehr viel Sport, und er arbeitet genau wie ihr Mann in der nahe gelegenen Papierfabrik. Da müssen sie im Schichtdienst auch mal am Wochenende ran, also ... so oft kann man nicht nach Worms radeln. Auch wenn die Ernährung der Froschs eher mager und gesund sein soll, das Lieblingsgericht von Jutta ist dann doch ordentlich deftig: bayerische Knödel mit Bauchfleisch, Kammkotelett und Sauerkraut. Denn Juttas Familie stammt aus Bayern, und von ihrer Mutter hat sie auch noch das alte Kochbuch mit dem Titel „Hausbuch für die deutsche Familie". Daraus kocht sie immer wieder etwas. Täglich geht sie auch eine Stunde spazieren, mit Lucy und Mandy. Das sind ihre Chihuahuas, und die sind so klein, dass man als Fremder Angst hat, über sie zu stolpern. Günter hat ihnen eine kleine Treppe gebaut, damit sie bequem auf das Sofa kommen. Bald fahren Jutta und Günter in den Urlaub, nach Ägypten. „Das ist wie ein großes Aquarium", sagt Jutta – und man muss wissen, dass Ägypten ein Paradies für Taucher ist, um zu verstehen, was sie meint. Ob man da auf der Sinai-Halbinsel auch Marathon läuft?

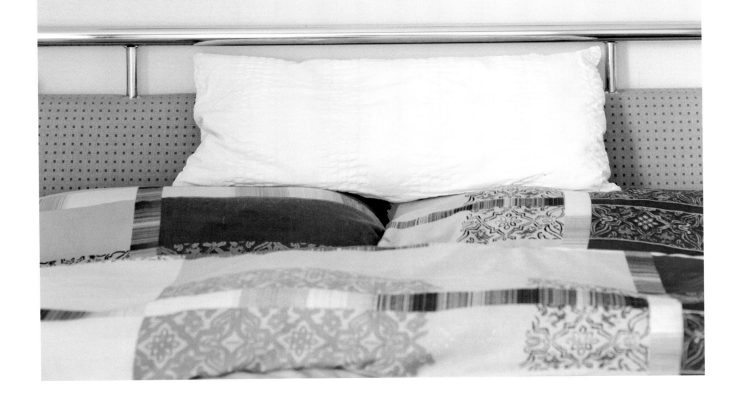

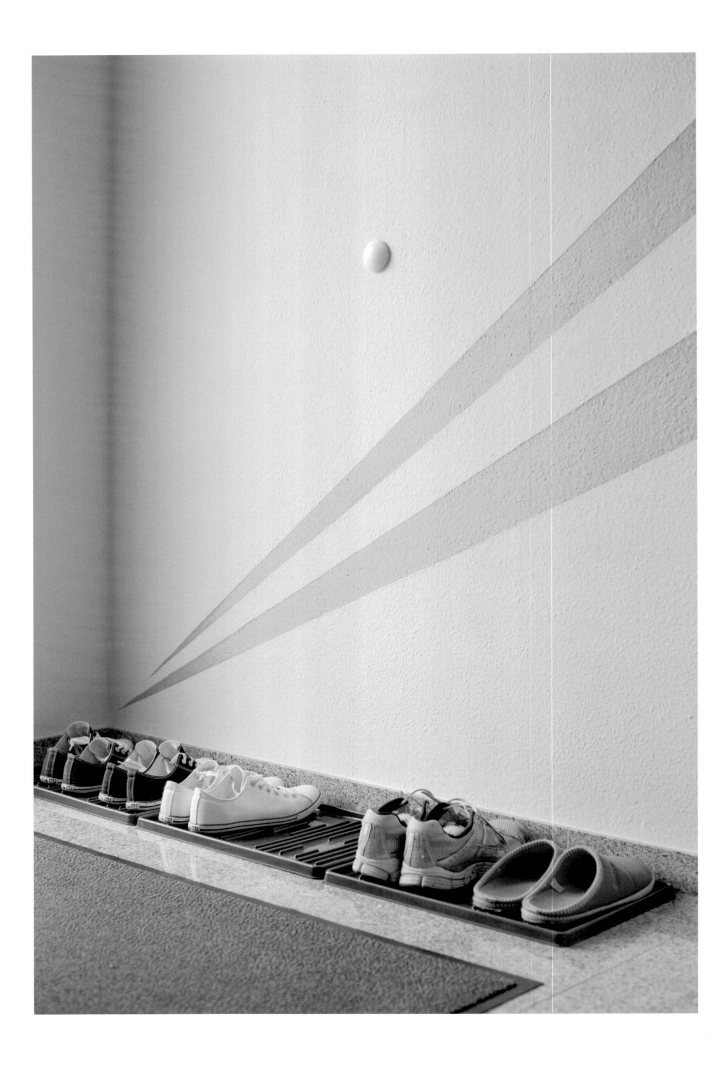

Rinderroulade

6 Rinderrouladen	Rouladen mit Senf bestreichen, mit Salz und Pfeffer würzen. Jede
3 Gewürzgurken	Roulade mit 3 Speckscheiben belegen. Ans Ende jeder Roulade je
3 Zwiebeln	2 Gurkenviertel und 2 Zwiebelspalten legen. Fleisch fest aufrollen,
3 EL Senf	mit Rouladennadeln feststecken. Schmalz in einem Bräter erhitzen.
Salz, Pfeffer	Rouladen darin kräftig anbraten. Nochmals mit Salz und Pfeffer
Frühstücksspeck	würzen, übrige Zwiebelspalten und Tomatenmark hinzufügen, kurz
Butterschmalz	mit anschwitzen. Mit ½ Liter Wasser ablöschen. Zugedeckt ca. 40
Tomatenmark	Minuten schmoren lassen. Dann Wein und nochmals 350 ml Wasser
150 ml Rotwein	dazugießen, weitere ca. 40 Minuten zu Ende schmoren lassen. Mehl
1 EL Mehl	und etwas Wasser glatt rühren. Rouladen aus der Soße nehmen.
Petersilie	Mehl einrühren, unter Rühren kurz köcheln lassen. Petersilie fein
	schneiden. Rouladen mit Petersilie bestreuen, in der Soße anrichten.
Für 4-6 Personen	Dazu schmecken Rotkohl und Knödel.

Zaaluk

Sanaa Traq und Michael Mecky

MICHAEL HÄTTE DEN Hund gern Elvis genannt, das ging aber nicht, denn er stammt aus dem zweiten Wurf einer Züchtung – und die müssen dann namentlich mit B beginnen. Also hat Sanaa den knuddeligen Wuschel Bobbi genannt, nach ihrer Lieblings-Kosmetik-Firma „Bobbi Brown". Obwohl er nicht braun, sondern weiß ist – und zwar ein ganz besonderer reinweißer Hund, denn diese Rasse hier reizt Allergiker nicht, und sie verliert kein Härchen. Sodass die Wohnung immer schön sauber bleibt. Und bei den Traq-Meckys auch weiß. Weiß muss ihre Lieblingsfarbe sein: Sofa, Küche, Schlafzimmer, T-Shirts und sogar die Handys sind weiß. Vielleicht, weil das so hell wirkt wie das Licht in Marokko. Von dort kam Sanaa vor vier Jahren, um hier Elektrotechnik zu studieren. Aber da fühlte sie sich als einzige Frau unter 50 Kommilitonen nicht wirklich wohl. Jetzt wird sie Automobilkauffrau. Ist aber kein Rollentausch hier! Michael macht in Immobilien und kocht nicht. Das ist auch nicht nötig, denn Sanaa liebt Kochen. Aus Marokko hat sie kürzlich ein Paket Gewürze mitgebracht, eine Dose Süßigkeiten und einen Minze-Busch. Der wuchert jetzt im Garten weiter und wird täglich für den Tee gezupft. Aus Marokko stammt auch Sanaas Henna-Tattoo am Bein, das leider nach zwei Wochen verblasst. Nicht selten ruft Sanaa ihre Mutter an, um sie nach Kochtipps zu fragen. Immer öfter aber auch ihre Schwiegermutter, denn die hat von ihrem Vater, einem Schiffskoch, die gute deutsche Küche gelernt. Vorerst gibt's aber noch Zaaluk, das ist Auberginen-Püree.

Auberginen Püree (Zaalik)

3 große Auberginen

زعلوك

٣ حبات باذنجان
٥٠٠غ طماطم
مقدونس
قزبرة
٣ فصوص ثوم
٣ ملعقة كبيرة زيت الزيتون
١ ملعقة صغيرة كمون
١ ملعقة صغيرة فلفل احمر (تحميصة)
١/٢ ملعقة صغيرة فلفل حار (سودانية حسب الذوق)
ملح - حامضة مرقدة او عصير حامضة طازجة

- نقطع الباذنجان مربعات كبيرة ثم نسلقه في الماء والملح
- نقطع الطماطم الى نصفين نزيل البذور ثم نسرقها ونقطعها
البصل نحمر مع الزيت، ملح، كمون، فلفل حلو و حار ثم نضيف
البقدونس وقزبرة مقطعين بشكل رقيق جدا ثم النوع المفروم
- بعد ان تتحمر الطماطم نضيف اليها البا ذنجان المسلوق والمقطع
نقلب كل المواد مع بعضها مع التحريك حتى تتشرب جيدا ونحصل
- بعد ان يصير الخليط مشحر جدا نرفعه في صحن
اما قبل تصير الحامض قبل ازالة الاشياء من فوق النار .

وبادمة والصحان

---

3 große Auberginen
500 g Tomaten
1 Bund Petersilie
1 Bund Koriander
3 Knoblauchzehen
3 EL Olivenöl
1 TL gemahlener Kreuzkümmel
1 TL süßer Paprika
½ TL gemahlener Chili
(je nach Geschmack, es
kann auch weniger sein)
1 eingelegte Zitrone (falls
nicht vorhanden, kann man
auch eine normale Zitrone
verwenden)

Auberginen-Püree (Zaaluk)

Auberginen in grobe Würfel schneiden und in Salzwasser garen. Petersilie, Koriander fein hacken. Tomaten halbieren und ohne Kerne klein schneiden. In einem Topf die Tomaten mit Olivenöl, Zitronensaft, Koriander, Petersilie, Kreuzkümmel, Knoblauch, Paprika und Chili anbraten. Die Auberginen-Würfel untermischen und alles so lange kochen, bis ein dickflüssiger Brei entstanden ist.

Sauerkraut-Auflauf

Judit und Martin Eberth, Frankfurt am Main

WENN MAN JUDIT und Martin Eberth hier so in ihrem Häuschen sieht – alles schön eingerichtet, als wär's schon immer so gewesen, die vielen von Judit gemalten Bilder an der Wand und dann: dieser Garten voller Früchte und Beeren –, dann kann man sich kaum vorstellen, dass es mal nicht so gewesen ist. Ganz anders im Grunde. So fern und so weit weg. Judit und Martin sind beide ungarischer Abstammung und haben im rumänischen Siebenbürgen gelebt, als Angehörige einer Minderheit. So wie sie jetzt hier mit manchen ihrer Vorlieben auch ein bisschen fremd erscheinen mögen, wenn man ganz genau hinsieht: dieser Riesentopf Sauerkraut in der Küche beispielsweise. Der zeigt: Da hat jemand nicht nur einen deutschen Bezug, sondern auch einen nach Osteuropa. Denn da lieben die Leute Krautaufläufe und Krautwickel. Nur dass die Wickel viel kleiner und saftiger sind als Krautrouladen aus deutschen Töpfen. Judit und Martin kannten sich in Siebenbürgen schon, sie hatten dort geheiratet. Doch dann sind Martins Eltern geflohen und die beiden konnten sich über ein Jahr nicht sehen. Sie haben vier Mal telefoniert, hat ein Heidengeld gekostet. Es war sehr schwierig für Judit nachzukommen. In Deutschland haben sie dann ihre Töchter bekommen, und weil ihre eigene Familie jetzt schon so lange hier lebt, fühlen sie sich dem Siebenbürgischen nicht mehr ganz so verwandt. Obwohl sie dort schon noch Familie haben und einmal im Jahr hinfahren. Judit arbeitet als Kinderfrau bei einer ungarischen Familie, mit deren Kindern sie ihre Sprache spricht. Martin arbeitet seit 25 Jahren für eine Firma, die Computer installiert. Er liest wahnsinnig gern Bücher und ist für den Ausgang von Masco zuständig. Der Hund wirkt irgendwie menschlich: Er stellt keinem Tierchen nach, er holt den Stock nicht, den man wirft, und die Katze vom Nachbarn lässt ihn völlig kalt. Miau.

Sauer-Kraut Auflauf.

Zutaten:
1 kg Sauerkraut (Selbstgemacht oder Fertig gekauft)
1/2 kg Reis
1 kg Gemischtes Hackfleisch
2 Stück mittelgroße Zwiebel.
ca 100 ml Sonnenblumenöl

Vorbereitung:

Die Zwiebel klein schneiden und in Öl glasig dünsten, anschließend den Hackfleisch dazugeben und andünsten.
Den Reis mit der Hälfte der vom Öl kurz hellbraun rösten.
Anschließend die Zutaten in einen. Auflaufform schichtweise legen
1 Schicht Sauerkraut
1 Schicht Hackfleisch.
1 Schicht Reis.
mit gesalzenem Wasser, mit Bohnenkraut und Dill abgeschmeckt, aufgießen und zum Kochen bringen. Nach ca 1/2 Stunde Kochzeit ist das Gericht servierbereit.
Sauer Rahm und Brot wird dazu serviert.

Guten Appetit

Sauerkraut-Auflauf

1 kg Sauerkraut (selbstgemacht oder gekauft)
500 g Reis
1 kg gemischtes Hackfleisch
2 mittelgroße Zwiebeln
Ca. 100 ml Sonnenblumenöl
Bohnenkraut
Dill

Die Zwiebeln klein schneiden und in Öl glasig dünsten, anschließend das Hackfleisch dazugeben und andünsten. Den Reis mit der Hälfte vom Öl kurz hellbraun rösten. Anschließend die Zutaten schichtweise in eine Auflaufform legen: eine Schicht Sauerkraut, eine Schicht Hackfleisch, eine Schicht Reis. Mit gesalzenem Wasser, mit Bohnenkraut und Dill abgeschmeckt, aufgießen und zum Kochen bringen. Nach etwa einer halben Stunde Kochzeit ist das Gericht servierbereit. Dazu reicht man Sauerrahm und Brot.

Schnitzel

Knut Möbius, Frankfurt am Main

KNUT IST GERADE allein zu Hause. Seine Frau und sein Sohn sind
zu einem Fußballspiel gegangen. Nicht dass Knust das nicht interessierte – aber er
hat Bereitschaftsdienst, wie so oft. Er arbeitet als Mechaniker in einem chemischen
„Industrie-Park", und wenn da irgendein Gerät ins Stocken gerät oder seinen Geist
aufgibt, muss Knut ganz schnell ran. Sonst stehen die Maschinen still. Manchmal
bekommt er nur zwei Stunden Schlaf am Stück. Er ist schon seit 20 Jahren bei der
Firma und hat sich vom Heizer hochgearbeitet. Knut mag seinen Job sehr, er sei
abwechslungsreich, sagt er. Jetzt ist es aber nicht so, dass er allein zu Hause nichts
zu tun hätte. Nee, nee, Frau und Sohn haben ihm eine verantwortungsvolle Aufgabe
anvertraut: Knut muss einen Blick auf ihre Farm haben. Dafür steht der Laptop auf
dem Küchentisch offen. Die Farm befindet sich in dem sozialen Netzwerk „Facebook".
Als Mitglied kann man sich da einen eigenen Hof anlegen, mit Tieren und Obst und
Gemüse und allerhand Pflanzen. Die müssen gepflegt und gehegt werden. Man kann
sich mit Nachbarn austauschen, über die Pflege, und man kann mit ihnen auch
Hühner und Setzlinge tauschen. Und wenn man mal zu lang außer Haus war, zum
Beispiel wegen eines Fußballspiels, dann kann es passieren, dass man auf den Hof
von „Farmville" zurückkommt und alles ist eingegangen. Blumen wollen gegossen,
Tiere gefüttert werden. Knust muss lange überlegen, welches Rezept er zum Besten
geben soll. Kochen erledigt er genau so wie seine Frau. Und dann entscheidet er sich
für das Wiener Schnitzel, das Lieblingsessen seines Sohnes Nicolas. Übrigens liebt Knut
Eisbären. Aber schon lange bevor der kleene Knut im Berliner Zoo geboren ward.

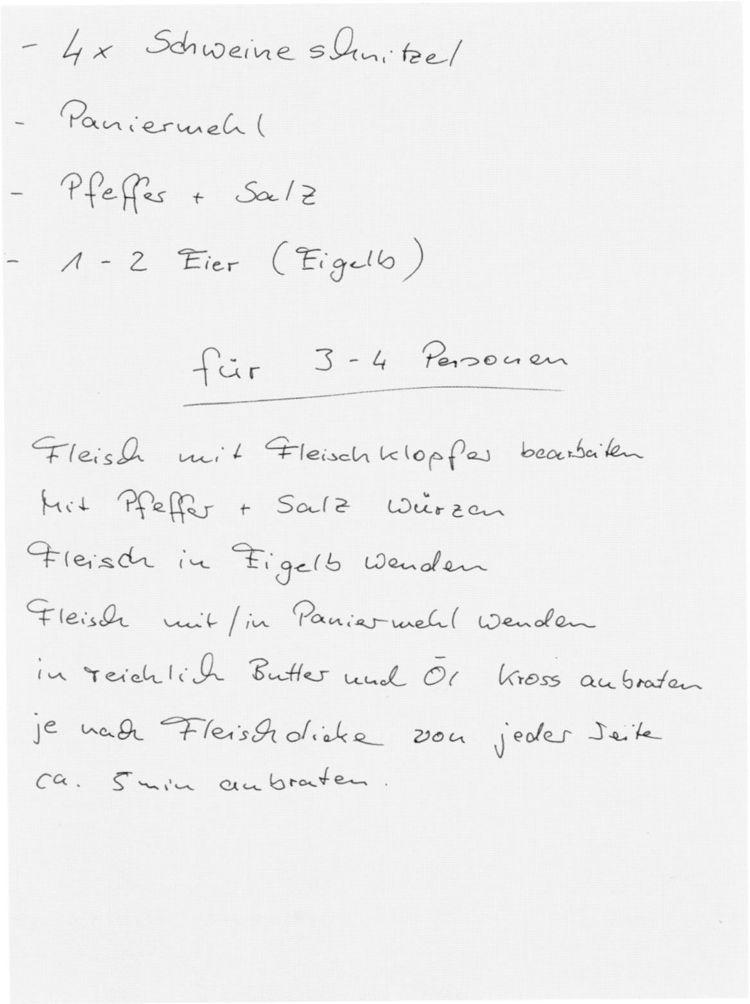

- 4x Schweineschnitzel
- Paniermehl
- Pfeffer + Salz
- 1 - 2 Eier (Eigelb)

für 3-4 Personen

Fleisch mit Fleischklopfer bearbeiten
Mit Pfeffer + Salz würzen
Fleisch in Eigelb wenden
Fleisch mit/in Paniermehl wenden
in reichlich Butter und Öl kross anbraten
je nach Fleischdicke von jeder Seite
ca. 5min anbraten.

Schnitzel

4 Schweineschnitzel
Paniermehl
1-2 Eier (Eigelb)
Salz und Pfeffer
Butter und Öl

Für 3-4 Personen

Das Fleisch mit einem Fleischklopfer bearbeiten. Mit Salz und Pfeffer würzen. Fleisch zuerst in Eigelb, dann in Paniermehl wenden. In reichlich Butter und Öl kross anbraten, je nach Fleischdicke von jeder Seite ca. 5 Minuten.

Stockfisch mit Sahne

Ana und Frederick Kessing, Kaiserslautern

MAN MUSS AUCH mal zugeben, dass nicht alle Menschen gern und viel und täglich kochen. Es gibt noch andere wichtige und schöne Dinge im Leben. Wichtig: Arbeiten. Frederick arbeitet manchmal sechs, sieben Tage Schicht bei Opel, in der Logistik. Ana arbeitet bis mittags um eins in einem Altenheim, sie macht da sauber. Wenn sie frei haben, dann haben sie ihre beiden Mädchen Samantha und Chiara, sind in der Stadt oder bei Freunden. Das ist schön. Kochen haben Ana und Frederick beide nicht wirklich gelernt. Und jetzt, sagt Ana, sei es zu spät dafür. Aber deswegen müssen sie noch lang nicht verhungern. In ihrem Haus leben nämlich auch noch Anas Eltern. Mit ihnen ist sie, als sie neun war, aus Lissabon gekommen. Und Anas Mutter hat jahrelang in Restaurants gearbeitet, also haben sie quasi einen Profi-Koch zu Hause. Urbina Maria Cardoso macht Stockfisch mit Sahne, typisch portugiesisch. Die Tage ist ihr der Topf auf dem Herd explodiert, das gab eine lautstarke Aufregung. Ein Jahr nach der Hochzeit waren sie in Portugal, und da hat Frederick im Meer seinen Ehering verloren. Ana trug den noch nie gerne, Ringe stören sie. Und so haben sie sich einfach „Eheringe" tätowieren lassen. Stört nicht, kann nicht verloren gehen. Vielleicht, denkt man beim Abschied, haben die beiden mit ihrer Nicht-Kochkunst auch einfach untertrieben. Frederick steht da nämlich am Herd, und es duftet lecker nach Hamburgern.

Bacalhau com natas

Batatas ~~aos Palitos~~
Bacalhau
Cebola
Natas
ovos

Corta-se as batatas aos Palitos e fritar
cebola frita as rodelas depois coze-se o
bacalhau e quando o bacalhau estiver cozido
destiage e mete-se funto com a cebola
deixa-se estar um pouco no lume quando
as batatas estiverem fritas junta-se tudo
mete as natas com ovos num algida-re
e mete-se tudo depois mete-se num
tabuleiro no forno até ficar loro.

Bom apetit

Sal
pimenta

Stockfisch mit Sahne

Kartoffeln	Die Kartoffeln ganz dünn schneiden und frittieren. Die Zwiebeln
Stockfisch	anbraten, bis sie ganz weich sind. Dann wird der Stockfisch
Zwiebeln	gekocht und, wenn er fertig ist, gut zerkleinert. Dann kommen
Sahne	die Kartoffeln, Zwiebeln und der Stockfisch in eine Auflaufform.
Eier	Sahne und Eier vermischen und drübergeben, und dann kommt
Gewürze	alles in den Backofen, bis es fertig ist.
Salz und Pfeffer	

Falafel mit Humus

Anneliese Keßler, Weiterstadt

DASS SICH HIER jemand für das Judentum interessiert, für den Glauben, für Israel und alles, was damit zu tun hat, das kann man ahnen, wenn man an der Tür von Anneliese Keßler klingelt. Da hängt nämlich, wie an vielen Haustüren jüdischer Bewohner, eine winzig kleine Mesusa am Türstock – für den Haussegen. In den Zimmern stehen jüdische Kerzenständer, die Menoras, da liegen Kopfbedeckungen für jüdische Männer, die Kippas, da hängen die Flaggen Israels von den Schränken, da steht die Heilige Schrift auf Hebräisch im Regal – und auch ein Kochbuch aus Israel hat Anneliese in ihrem Haus. Das hat sie mal geschenkt bekommen, von Kindern, als sie in Israel war. Sie muss lange nachdenken, bis ihr ein Rezept einfällt, das sie gerne kocht. Man bekommt den Eindruck: Es gibt Wichtigeres in ihrem Leben. Sie empfiehlt dann Falafel und Humus, muss aber nicht koscher sein. Anneliese ist auch gar nicht jüdischen Glaubens, sondern christlich. Sie interessiert sich eben nur sehr leidenschaftlich für das Judentum, weil es der Kern ihres eigenen Glaubens ist. Sie lernt Hebräisch und Arabisch, sie war ein paar Mal im Land – und sie hat einen Mann geheiratet, der die gleichen Interessen hat wie sie. Auch er beschäftigt sich intensiv mit dem Judentum. Freunde haben die beiden einander vorgestellt, weil sie ahnten: Das könnte was werden. Ein wenig wirkt der gemeinsame Haushalt auf Besucher nun aber wie eine Zweckgemeinschaft: Schuhe und Zimmer strikt getrennt ... Das Haus muss abbezahlt werden. Also zieht wohl erst mal keiner von dannen. Anneliese arbeitet als Justizangestellte, ihr Mann für einen Catering-Service am Flughafen. Ob die da auch Falafel haben?

Falafel mit Humus

Falafel

4 Gläser Kichererbsen
2 Knoblauchzehen
1 Zwiebel
1 grüne Peperoni (scharf)
Petersilie
Koriander
Kumin
Salz
1 EL Mehl
1 Päckchen Backpulver
3 Scheiben trockenes Brot

Kichererbsen über Nacht in heißem Wasser einweichen. Anschließend pürieren und Knoblauch, Zwiebel, grüne Peperoni, Petersilie, Koriander, Kumin, Salz, Backpulver, Brot und Mehl hinzugeben. Alles vermischen und wenig Wasser hinzufügen. Zum Schluss Bällchen formen und in viel Öl frittieren. Dazu serviert man Pitabrot und gemischten Salat.

Humus

6 Gläser Kichererbsen
9 Gläser Wasser
2 Knoblauchzehen
5 EL Zitronensaft
3 EL Olivenöl
3 EL Tahina

Die Kichererbsen über Nacht in heißem Wasser einweichen. Anschließend das Wasser abgießen und mit 5 Gläsern Wasser und Salz kochen. Die Kichererbsen pürieren, Zitronensaft und gepresste Knoblauchzehen hinzugeben und nochmals pürieren. Olivenöl und Tahina unterrühren, bis alles glatt vermischt ist.

Rinderbraten mit weißen Rüben und Kartoffeln

Sonja und Bastian Theisinger, Mannheim

DIESES REIHENHÄUSCHEN IST für die Theisingers nur eine Übergangslösung. Eigentlich wollten sie noch gar kein Eigentum, aber die Mieten hier sind sehr hoch. Das liegt, sagt Bastian, auch an den „SAP-Millionären, Heidelberg hat die höchste Millionärsdichte in Deutschland". Also besser was kaufen! Und zudem war die Lage gut – nur zehn Minuten sind es bis zur Firma. Die beiden arbeiten in der pharmazeutischen Forschung, sie sind Doktoren der Chemie. Für die Zukunft haben sie schon ein anderes Grundstück und darauf bauen sie ein Haus – damit sie später mal genug Platz haben, als Familie mit Kindern. Noch haben sie nur zwei Kaninchen, Amy und Gypsi. Die sind stubenrein. Man kann Kaninchen nämlich beibringen, nicht überall hinzukötteln, indem man sie in ihrer ersten Lebenszeit zu ihrem Kaninchenklo lotst. Jetzt dürfen Amy und Gypsi im Haus rumlaufen wie Katzen, und auch raus in den Garten – aber nur unter Aufsicht: nicht dass Nachbars echte Katze zubeißt. In ihrer Freizeit gehen die Theisingers gern in die Sauna, mit ihren Freunden, dafür fahren sie sogar bis nach Speyer. Sie fahren aber auch gern mit Inline-Skatern, Bastian liest viel – und kochen tun sie beide sehr ausgiebig. Sonja hat viele Rezepte von ihrer Oma, Grießknödel beispielsweise oder Haschee. Kürzlich hat sie zum ersten Mal Mairübchen gekocht, „schmeckt ähnlich wie Kohlrabi", und chinesische Gerichte gibt es auch manchmal. Eigentlich querbeet alles mögliche. Bis auf Kaninchen.

Rinderbraten mit weißen Rüben und Kartoffeln

→ weiße Rüben (für 4 Personen)
1kg Rüben
1 Zwiebeln
¼ Tasse Brühe
Öl oder Butter
Mehl, Salz, Pfeffer

Rüben putzen, in Scheiben schneiden und im kochenden Salzwasser garen. Wasser abschütten sobald die Rüben weich sind. Zwiebel glasig dünsten, Rüben dazugeben, Brühe dazugeben mit Zauberstab pürieren. Je nach Viskosität mit Mehl oder Brühe nacharbeiten. Mit Salz und Pfeffer würzen.

Dazu gibt es Salzkartoffeln und klassisch gebratener Rinderbraten mit dunkler Sauce.

→ Rinderbraten
Fleisch scharf anbraten, gehackte Zwiebel, Kartoffeln, Möhren und Fleischbrühe dazugeben. Topf abdecken und bei geringer Hitze 2 h garen. Braten entnehmen und die Sauce aus dem Bratenfond herstellen. Dazu mit Zauberstab pürieren, mit Mehl die Viskosität einstellen und mit Salz und Pfeffer würzen.

Rinderbraten mit weißen Rüben und Kartoffeln

Weiße Rüben (für 4 Personen)
1 kg Rüben
1 Zwiebel
¼ Tasse Brühe
Öl oder Butter
Mehl
Salz, Pfeffer

Rinderbraten
Rinderbraten
1 Zwiebel
Kartoffeln
Möhren
Fleischbrühe
Salz und Pfeffer

Rüben putzen, in Scheiben schneiden und im kochenden Salzwasser garen. Wasser abschütten, sobald die Rüben weich sind. Zwiebel glasig dünsten, Rüben dazugeben, Brühe dazugeben, mit Zauberstab pürieren. Je nach Viskosität mit Mehl oder Brühe nacharbeiten. Mit Salz und Pfeffer würzen. Dazu gibt es Salzkartoffeln und klassisch gebratenen Rinderbraten mit dunkler Soße. Für den Rinderbraten das Fleisch scharf anbraten, gehackte Zwiebel, Kartoffeln, Möhren und Fleischbrühe dazugeben. Topf abdecken und bei geringer Hitze 2 Stunden garen. Braten entnehmen und die Soße aus dem Bratenfond herstellen. Dazu mit Zauberstab pürieren, mit Mehl die Viskosität einstellen und mit Salz und Pfeffer würzen.

Wasserspinat in der Pfanne

Hanh Nguyen, Kaiserslautern

EIGENTLICH TRIFFT MAN die Familie Nguyen nur sehr selten zu Hause an. Seit einem Jahr wohnen sie nun schon hier und es sieht immer noch wie nagelneu aus. Hanh, die Tochter des Hauses, war ein bisschen überrascht, als ihre Eltern sich ein Eigenheim kauften. Irgendwie hatte sie immer gedacht, sie würden eines Tages nach Vietnam zurückgehen. Hanh ist in Ludwigshafen geboren. Und ihre Eltern haben sich mit ihrem China-Restaurant in der Einkaufsstraße von Kaiserslautern so etabliert, dass sie gar nicht mehr weg wollen. Chinesisch kochen sie, weil die Leute hier mit vietnamesischer Küche nicht so viel anfangen können, sagt Hanh. Ihre Eltern sind den ganzen Tag im Lokal und kommen immer erst gegen zehn oder elf abends nach Hause, auch an den Wochenenden. Trotzdem machen sie sich dann noch was Frisches zu essen. Dafür haben sie im Garten vietnamesische Kräuter gepflanzt, und auch Sauergurken. Und von ihrem Essen bekommen auch ihre Ahnen was ab: Auf dem Hausaltar gibt es ein Gläschen Wasser für den Opa, der steht da als junger Mann in einem Schwarz-Weiß-Foto. Und auf dem Lokal-Altar bekommen die Ahnen gerade ein paar rote Äpfel, ebenso frisch.

Rau muống xào

* Thành phần :
  ○ Dầu
  ○ ½ hành củ (băm nhỏ)
  ○ 500g Rau muống

* Chuẩn bị :
  ○ Rau muống rửa sạch
  ○ Tỏi băm nhuyễn .

* Cách làm :
  ○ Đổ dầu vào chảo (1 thìa)
    đã nóng, sau đó cho
    hành vào đảo đều tới
    màu vàng rồi cho
    rau muống vào đảo đều
    chừng 3 phút . Cuối cùng
    cho tỏi rồi đảo tiếp
    khoảng ½ phút rồi đổ
    ra đĩa .

Wasserspinat in der Pfanne

Sonnenblumenöl
½ Zwiebel (gehackt)
1 Knoblauchzehe
500 g Wasserspinat

Wasserspinat im Wasserbad gründlich reinigen. Knoblauchzehe pressen. Öl kurz in der Pfanne erhitzen. Zwiebel dazugeben, goldbraun anbraten. Wasserspinat hinzufügen, ca. 3 Minuten anbraten. Knoblauch hinzugeben. Etwa ½ Minute weiterbraten. Fertig.

Putenschlegel

Isolde und Robert Orth, Grünstadt

EI ISOLDE UND Robert ist gerade alles superpicobello rausgeputzt. Wobei – hier ist es bestimmt auch so heimelig, wenn nicht gerade nächste Woche 60 Gäste erwartet werden, von denen elf auch im Hause Orth übernachten sollen. Denn für Isolde gibt es nächste Woche groß was zu feiern, sie wird 50. Nie im Leben würde man meinen, dass Robert schon über 60 ist. Er wirkt sehr jung geblieben. Er war viel unterwegs in seinem Leben und hat sich fit gehalten. Vielleicht liegt es auch daran, dass er immer gut bekocht worden ist. Schon seine erste Frau hat immer gekocht, und jetzt isst er alles, was Isolde ihm auftischt. Die Küche hat ihre Schwiegermutter mit finanziert, weil sie meinte: Da verbringt eine Frau viel Zeit, da muss sie sich wohlfühlen. Die Orths haben eine ganz spezielle Nische in der Werbung für sich gefunden: Sie bieten in Supermärkten Produkte feil. Um das mal so altmodisch zu formulieren. Eigentlich heiße das „Werbedame" oder „Propagandist", sagt Robert. Früher hat er Teppiche verkauft, die schönsten hat er für sein Haus behalten. Und Isolde hat darauf und drum herum ihre Puppen und Service und Gläser drapiert. Ihr Raum ist das Gästezimmer, das hat sie so richtig romantisch hergerichtet, mit Vorhängen und Bordüren und einem kleinen Himmel überm Bett, alles mit Röslein bedeckt. Robert sagt: „Bei den anderen hier in der Siedlung ist alles moderner." Er habe ja auch mal mit einem Flokati angefangen. Oft könne man sich erst mal nichts anderes leisten. Aber irgendwann mal wolle man eben echte Möbel haben.

Putenschlegel

2 Putenschlegel in heißem Fett
anbraten, danach mit Salz, Pfeffer u. Paprika würzen
Zwiebeln würfeln und anbraten
mit Wasser ablöschen
1 Würfel Bratensaft dazu und alles
langsam aufkochen. ca 1 Std.
danach 1 Würfel Geflügelsoße dazu
und aufkochen zum Schluss ein Schnapsglas
Cognag dazu.

Servieren Sie dazu Kartoffelknödel
und Salat

Guten Appetit

Putenschlegel

2 Putenschlegel	
Fett	
Zwiebeln	Putenschlegel in heißem Fett anbraten, danach mit Salz, Pfeffer
Salz, Pfeffer	und Paprika würzen. Zwiebeln würfeln und anbraten, mit Wasser
Paprika	ablöschen. 1 Würfel Bratensaft dazu und alles langsam aufkochen,
1 Würfel Bratensaft	ca. 1 Stunde. Danach 1 Würfel Geflügelsoße dazu und aufkochen,
1 Würfel Geflügelsoße	zum Schluss ein Schnapsglas Cognac dazu. Servieren Sie dazu
1 Schnapsglas Cognac	Kartoffelknödel und Salat.

Stampfkartoffeln

Jutta Koppenhöfer, Kaiserslautern

JUTTA KOPPENHÖFER KOMMT rum in der Welt, vor allem in den Himmel. Wenn sie vom Fallschirmspringen redet, leuchten ihre Augen wie Sterne. Vor zehn Jahren hat sie mit ihrem Lebensgefährten einen Verein gegründet, um auch andere Menschen hier auf pfälzischen Erden für ihre Leidenschaft zu begeistern. Die Leute auf der Straße waren zurückhaltend, aber einige Soldaten sind drauf angesprungen. Der Flug- oder Springplatz ihrer „Fallschirmjäger-Kameradschaft Kaiserslautern" liegt in Teucke, in den Niederlanden. Weil der Fallschirmsprunglehrer daher kommt. Man fährt vier Stunden hin, bleibt aber auch ein paar Tage. 17 Leute haben sie für den nächsten Trip zusammengetrommelt, und jetzt leuchten Juttas Augen wieder – sie liebt diese Ausflüge. Sie war auch schon in Tschechien, in Kroatien und im Vogtland zum Fallschirmspringen. Jutta ist, wie sie sagt, im Club für die Penunzen zuständig. Seit sie vor vier Jahren einen Herzinfarkt hatte, darf sie nicht mehr fliegen. Sie ist „Nicht-Gediente" unter vielen ehemaligen Soldaten, die echte Fallschirmjäger waren. Außerhalb ihrer Freizeit macht sie Datenverarbeitung bei der US-Army; und ihr Partner ist für Schwerkrafttransporter zuständig. „Er zieht die Schwerkraft und die Überbreiten", sagt Jutta. Für Nicht-Gediente: Er zieht mit einem Laster Panzer und anderes schweres Gerät durch die Gegend. Ja, es gibt fast so viele Fachjargons und Dialekte, wie es Rezepte gibt im Leben der Menschen. Vor allem unter jenen, die sich besonders leidenschaftlich bestimmten Bereichen des Himmels und der Erden verschreiben. Das Rezept für die Stampfkartoffeln, das hat sie von „einer alten Oma, die" – sagt Jutta – „schprüscht rüschtüsch platt pfälzüsch". Für Nicht-Pfälzer: dürfte Plattpfälzüsch ähnlich schwer zu verstehen sein wie Tschechisch. Aber hie wie dort ist klar: Stampfkartoffeln sind billig, nahrhaft – und wenn man dann noch Gulasch „dazu reischt", also üppig Fleisch mit Soße, dann wird das rüschtüsch köstlüsch!

6 große Karotten
6 Kartoffeln
schälen und kochen in Salzwasser
nach 20 Min Wasser abschütten
dann stampfen etwas Salz und
Pfeffer und etwas Milch zum
Schluss etwas Butter beifügen
Man reicht Gulasch dazu!

Stampfkartoffeln

Karotten und Kartoffeln schälen und in Salzwasser kochen. Nach 20 Minuten Wasser abschütten, dann stampfen, etwas Salz und Pfeffer und etwas Milch, zum Schluss etwas Butter beifügen.

6 große Karotten
6 Kartoffeln

Man reicht Gulasch dazu!

Gefüllte Paprika

Zeliha Parmaksiz, Köln

EIN SAMSTAG IM Spätsommer, nachmittags. Die Sonne strahlt warm auf den Rasen und diese kleine Siedlung. In einem Garten, auf der Terrasse, um einen großen Tisch, sitzen sieben Frauen. Die älteste ist 45, die jüngste ein Mädchen von fünf. Sie schwatzen und bereiten Berge von Fleisch vor. Sie marinieren es mit türkischen Gewürzen, manches wird auf Spieße gesteckt, das meiste einfach auf den Grill geworfen. Manchmal kommen ein paar frische grüne Peperoni mit auf den Grill, und dann beißt man einfach rein. Normalerweise gibt es noch Salate dazu. Aber heute, heißt es, sei das ein spontanes Essen. Es herrscht ein ständiges Kommen und Gehen. Sogar die Herrin des Hauses stößt erst irgendwann dazu, Zeliha mit ihren drei Töchtern. Aber so spontan, denkt man als Gast, kann das doch gar nicht sein? – Wer hat schon eben mal diese Mengen Fleisch auf Lager? Und: Wie sieht dann erst ein geplantes Essen aus? Doch die Frauen bestehen darauf: Es ist eben mal ein lockerer Samstagnachmittag, die Männer sind aus dem Haus, und die Familie und Freunde kommen eben mal rüber. Viele von ihnen leben nebenan. Und dann wird ausdiskutiert, welches das beste Rezept für eine Empfehlung wäre. Die Wahl fällt auf gefüllte Paprika. Die kann man aber nicht mal eben spontan auf den Grill werfen.

Biber Dolmasi

1 kg   dolmalık biber
½ kg   Hackfleisch   Kıyma
250 g   Pirinç
2   büyük Soğan
½   demet Maydanoz
3   domates (soyulmuş)
        tuz biber,
1 El   Domatessalçası

Biberlerin kapaklarını kesip içini
boşaltıyoruz.
Soğanları ve domatesleri ince doğrayıp
bütün malzemelerle karıştırıp biberlerin
in içine dolduruyoruz. dolduruyoruz.
Tencerenin içine 1 santim kadar
su doldurup biberleri içine dizip
kısık ateşde dolmanın içi pişene
kadar kaynatıyoruz.

Gefüllte Paprika

1 kg Paprika
½ kg Hackfleisch
250 g Reis
2 große Zwiebeln
½ Bund Petersilie
3 geschälte Tomaten
1 EL Tomatenmark
Salz, Pfeffer

Die Paprika aufschneiden und aushöhlen. Zwiebeln und Tomaten
fein hacken und mit dem Rest der Zutaten vermischen und die
Paprika damit füllen. Die gefüllte Paprika in einen Topf setzen. Den
Topf mit einem Zentimeter Wasser füllen und auf mittlerer Hitze
köcheln lassen, bis die Füllung gar ist.

Plov

Lilija und Habibillo Tierbach, **Neustadt**

DIANA HÄTTE ES ja gern ein bisschen moderner, hier in dem Haus ihrer Eltern. Sie will sich oben im Haus mal ein eigenes Wohnzimmer einrichten, am besten in Lila. Denn sie bleibt – anders als ihre beiden älteren Schwestern – sicher noch eine Zeit lang bei ihren Eltern wohnen. In drei Jahren macht sie ihr Abi und dann möchte sie was mit Sprachen studieren. Dreieinhalb kann sie schon: Deutsch, Russisch, Englisch und jetzt ein bisschen Französisch. Ihre Eltern sprechen zu Hause Russisch, und auch viele der Nachbarn sind aus den GUS-Ländern gekommen; Dianas Vater Habibillo aus Usbekistan und ihre Mutter Lilija aus Kirgisistan. Die beiden sind selten zu Hause, denn sie arbeiten sehr viel. Habibillo kommt erst abends um acht nach Hause, er ist Gärtner. Und Lilija ist Näherin. In ihrem Garten wachsen pralle Tomaten, Gurken und Brennnesseln, daraus machen sie Suppe. Aber noch lieber mögen die Tierbachs Plov. Es ist die usbekisch-kirgisische Leibspeise der Eltern: Reis mit Fleisch und Gemüse, in einer Art Wok gekocht. Dianas Onkel hat mal den Roten Platz nachgebaut – aus Streichhölzern sind filigranste Türmchen, Bögen und Kirchspitzen entstanden. Alle drei Töchter haben zwei von diesen Kirchbauten. Alina erzählt hinter vorgehaltener Hand, dass ihre beiden abgebrannt seien, leider.

Состав
Баранина - 120 гр или
Говядина - 125 гр
Рис   - 160 гр
Лук репчатый - 50 гр
Морковь   - 130 гр
Масло растительное - 60 гр
Выход - 330 гр

Мясо нарезанное на куски массой размером 3 на 3 см обжаривают на растительном масле нагретом до температуры 160-170° до образования подза-ристой корочки, затем кладут нарезанный полукольцами репчатый лук, продолжают обжаривание, после чего закладывают нарезан-ную соломой морковь, все вместе перемешивают, добавляют

воду (соотношение воды и риса в зависимости сорта риса, соль, специи и тушат 25-30 минут. Ровным слоем по всей поверхности котла или казана закладывают рис и варят в открытом виде до полного выкипания жидкости, закрывают и доводят до готовности в течении 20-25 минут

Готовый плов аккуратно перемешивают. При отпуске на рис и овощи кладут И выкладывают на плоскую чашку и подают на стол с салатами.

Plov

120 g Lammfleisch/Rindfleisch	Das Fleisch in kleine Würfel schneiden. Möhren schälen und
160 g Reis	auf einer feinen Reibe in dünne Scheiben reiben. Die Zwiebel
50 g Zwiebeln	schälen, halbieren und mit einem Messer zerhacken. Den Wok
130 g Möhren	vorheizen, dann das Öl hinzufügen, warten bis alles heiß ist. Zuerst
60 ml Öl (entspricht ca. 4 EL)	das Fleisch anbraten, bis es hellbraun ist. Danach die Zwiebeln
1 TL Salz	hinzufügen und zusammen braten lassen, zum Schluss die Möhren

120 g Lammfleisch/Rindfleisch
160 g Reis
50 g Zwiebeln
130 g Möhren
60 ml Öl (entspricht ca. 4 EL)
1 TL Salz

Das Fleisch in kleine Würfel schneiden. Möhren schälen und auf einer feinen Reibe in dünne Scheiben reiben. Die Zwiebel schälen, halbieren und mit einem Messer zerhacken. Den Wok vorheizen, dann das Öl hinzufügen, warten bis alles heiß ist. Zuerst das Fleisch anbraten, bis es hellbraun ist. Danach die Zwiebeln hinzufügen und zusammen braten lassen, zum Schluss die Möhren dazugeben und alles eine Weile braten lassen. Mit etwas Wasser ablöschen und 5 Minuten kochen lassen. Salz und Gewürze hinzufügen. Reis dazugeben und 25 Minuten kochen lassen. Den Wok mit Deckel und dickem Handtuch verschließen, damit das Wasser nicht verdampfen kann.

Plov

Erna Reich, Bonn

O EIN GLÜCK: Gerade hat Erna Plov gekocht, und das riecht köstlich! Sie kocht jetzt nicht mehr so viel, denn die Kinder sind schon aus dem Haus und Erna arbeitet sehr viel. Aber jetzt kommt gleich ihr Mann von der Arbeit nach Hause – und auch ihr Sohn kommt heute zu Besuch, und die beiden mögen den Reis mit Fleisch und Karotten sehr. Erna ist Krankenschwester. Hier in Deutschland betreut sie alte Leute, und sie liebt ihren Beruf. Leider haben Krankenschwestern in Deutschland weniger zu tun als in Russland. Dort dürfen sie auch Spritzen verabreichen und haben viel mehr Verantwortung für die Patienten. Das ist natürlich spannender. In Deutschland sollen das die Ärzte machen, und die sind dann oft total überarbeitet. Mitte der Neunziger sind die Reichs nach Deutschland „eingereist", wie sie sagt. Alle ihre acht Geschwister leben jetzt in Deutschland. Und sie sind froh darüber, denn hier konnten ihre Kinder eine gute Ausbildung machen und vermutlich ein besseres Leben leben als in der alten Heimat. Ernas Tochter macht gerade ihren Doktor. Im Garten hat ihr Mann eine Tomate gepflanzt, für ihre Enkelin. Obwohl man sich kaum vorstellen kann, dass diese junge Frau von 52 Jahren schon Großmutter sein soll. Ansonsten wurschteln die Reichs nicht so viel im Garten herum. Sie erholen sich lieber so von der Arbeit. In Ernas großer Familie zeichnen einige gerne: Die Bilder in ihrem Schlafzimmer hat ihr Schwager gemalt und in der Diele hängen welche von ihrer Schwester. Erna selbst malt aber nicht.

Плов

Рис 300 гр.

Мясо 500 гр.

Морковь 3 шт.

Лук 1 шт.

Мясо с луком
поджарить + морковь
на крупной тёрке
нашинковать + соль+
перец по вкусу +
рис и залить всё
водой в один палец
выше риса и тушить
до готовности

Plov

500 g Fleisch	Fleisch mit Zwiebeln anbraten. Möhren reiben und
3 Möhren	dazugeben. Reis darauf und Wasser dazu; dämpfen,
1 Zwiebel	bis der Reis gar ist.
300 g Reis	

Pizzasuppe

Diana und Michael Spitzer, Hennef

ALSO, HIER SIEHT man, was dabei rauskommen kann, wenn man im Internet flirtet. Bisschen quatschen, bisschen treffen – und schwupps, zehn Jahre später: Eigenheim, Ehe und drei kleine Steppkes. Vor zehn Jahren haben sich Diana und Michael in einem Chat kennengelernt und man sieht: Glücklich sind sie geworden. Lea wird in ein paar Tagen fünf, und dann gibt es, wie zu allen Festtagen, eines der Lieblingsgerichte der Familie Spitzer: die Pizzasuppe. Lukas bekommt die noch nicht, allerhöchstens mal einen Versuchslöffel. Er ist erst acht Monate alt. Und schon ganz schön beweglich. Allerdings auf eine andere Art als seine beiden älteren Schwestern. Die haben das nicht gemacht: Er rollt durch die ganze Wohnung. Er schafft es in Windeseile vom Fenster, wo er gerade noch in die Sonne blinzelte, zur Zimmertür, quasi als Stopper. Michael ist gerade draußen und buddelt im Vorgarten herum. Lange wohnen die Spitzers noch nicht hier, ist noch was zu tun. Wenn er nicht gerade Freizeit hat, ist Michael Polizist. Diana ist gelernte Krankenschwester, wegen der drei Kleinen aber momentan zu Hause. Sie sollen so kurz wie möglich in den Kindergarten gehen, findet sie. Wenn die Eltern mal gerade nicht arbeiten, buddeln, Pizzasuppe kochen oder rollende und spielende Kinder beobachten müssen ... würden sie gerne Musik hören. Früher waren sie oft in Konzerten. Es ist eines ihrer Hobbys. Einem anderen frönt Michael: Er dreht sich Zigaretten selbst. Ist billiger. Und gesünder, na ja, vielleicht auch ein bisschen.

Pizzasuppe (für 6 Personen)

6 Zwiebeln würfeln und anbraten
500 g Mett dazugeben und anbraten
mit Paprikagewürz und Salz gut würzen und
verrühren.
2 x Schlagsahne und Schmelzkäse dazugeben.
1 gr Dose geschälte Tomaten (zerschneidet o. püriert)
dazu und gut verrühren
Alles mit Tabasco und Oregano würzen. 300 gr frische
geschnittene Champions hinzufügen und mit Knoblauch
(ca. 3 Zehen) abschmecken.

Viel Spass beim Kochen und guten Appetit.

Pizzasuppe

500 g Mett
1 große Dose geschälte Tomaten
(zerschnitten oder püriert)
300 g frische Champignons
(geschnitten)
6 Zwiebeln
Ca. 3 Knoblauchzehen
2 Becher Schlagsahne
Schmelzkäse
Tabasco
Oregano
Paprikagewürz
Salz

Die Zwiebeln würfeln und anbraten. Das Mett dazugeben und anbraten. Mit Paprikagewürz und Salz gut würzen und verrühren. Die Schlagsahne und den Schmelzkäse dazugeben. Die geschälten Tomaten dazu und gut verrühren. Alles mit Tabasco und Oregano würzen. Die Champignons hinzufügen und mit Knoblauch abschmecken. Viel Spaß beim Kochen und guten Appetit.

Gemüsepfanne mit Reis

Kerstin Seyb, Mainz-Kostheim

LEFANTEN, HUNDE ODER Katzen zu sammeln, das ist ja easy, davon gibt's viele. Aber Kamele? – Da muss man schon ein bisschen gucken, sagt Kerstin, und sie hat viele Kamele. Auf der Tasse, in Form einer Teekanne und auf ihrem Batik-Hemd, da ist auch eines drauf. Erzündet wurde ihre Leidenschaft für Kamele, als sie 14 war. Da war sie mit ihren Eltern und deren Studenten unterwegs, es war ein lustiger Abend mit, joah, auch Wein – und da erzählten sie sich Geschichten von fliegenden Kamelen. Man stelle sich das vor: Kamele mit Flügeln! Kerstin lacht darüber noch heute sehr herzlich. Gerade ist sie mit ihrem Sohn Tristan in dieses Haus gezogen. Vorher haben sie in einer Zwei-Zimmer-Wohnung gelebt. Hier ist definitiv mehr Platz, und Musik können sie auch machen. Bislang hat sich noch kein Nachbar beschwert, vermutlich weil die Wände gut isoliert sind. Kerstin spielt nämlich Klavier und Horn, und zwar professionell: Sie ist Hornistin im Polizei-Orchester. Für diesen Job ist sie hierher gezogen. Ihr Junge mit dem schön klingenden Namen spielt auch Klavier, dazu aber noch Schlagzeug. Wenn Kerstin nur für sich kochen würde, dann würde sie eine Gemüsepfanne mit Reis machen. Sie hat mal vegetarisch gelebt, zumindest die meiste Zeit. Alle paar Monate hat sie dann schon mal Fleisch gegessen. Aber mit Kindern kann man das nicht machen: nur Gemüse und Hirse und nie mal 'ne Wurst. Tristan mag Fleisch gerne, und auch Fisch. Und wenn's sein soll, isst er auch mal Gemüsepfanne.

Gemüsepfanne mit Reis

1 rote Paprika	
1 kleine Zucchini	
1 kleiner Broccoli	Das Gemüse sehr klein schneiden. Olivenöl in die Pfanne geben
1 Zwiebel	und heiß machen. Auf großer Flamme das Gemüse reingeben. Im
Zuckererbsen	Olivenöl wenden. Nach 3 Minuten Sojasoße und Gewürze nach
Olivenöl	Wahl zugeben.
Sojasoße	
Kräutersalz	Dazu gibt es Basmatireis.

Tiramisu

Flavia Taramasco und Daniel Weber, Hennef

ALS SIE SICH kennenlernten, Daniel und Flavia, da müssen sie so gewisse, tja, Kommunikationsprobleme gehabt haben – zumindest die berühmten verbalen. Daniel sprach kein Wort Italienisch und Flavia kein Wort Englisch, und Deutsch schon gar nicht. Dafür Spanisch, denn sie hatte mit ihrer Familie mal in Uruguay gelebt. Als sie sich kennenlernten, arbeitete Flavia im Lokal ihrer Eltern in Turin. Und Daniel für die Bundeswehr ebenda. Aber mit der Sprache, sagt Daniel: „Das war blöd." Er lernte schnell Italienisch und Flavia spricht jetzt auch schon gut Deutsch. Nadia, die Tochter der beiden, lernt jetzt gleich von Anfang an beides: Italienisch von der Mama und Deutsch vom Papa. Ein kleines bisschen Englisch könnte sie auch noch mitbekommen. Daniel war nämlich mal in den USA stationiert, in New Mexico. Dort durfte Flavia leider nicht arbeiten, also ist sie Klettern gegangen, hat Sport gemacht und Kunstkurse besucht. In ihrer freien Zeit sind die beiden gemeinsam viel in den USA herumgereist. Daniel ist eine Menge Rad gefahren. Das geht jetzt aber beides nicht mehr so gut: Reisen ist mit einem kleinen Kind schwierig und Radfahren auch, wenn man es im Kreuz hat wie Daniel. Essen tun die Webers am liebsten italienisch, Nadia kocht die Dinge, die sie von ihrer Nonna gelernt hat. Natürlich auch Tiramisu. Und so ein süßer Nachtisch schmeckt immer, auf Italienisch, Deutsch oder Englisch – da muss man gar nicht viele Worte drum machen.

Tiramisù

3 uova
500 gr Mascarpone
1 Fiorello
1 Bustina di Vanillina
4 Cucchiai di Cacao Amaro
Pavesini
Marsala
Caffè
6 cucchiai di zucchero

Mescolare i tuorli con lo zucchero finchè diventa una
crema spumosa, aggiungere poi il mascarpone, il
fiorello e la vanillina.
Montare le chiare a neve ed unirla al mascarpone.
Dividete il composto in due, una parte si lascia gialla
l'altra invece si aggiunge il cacao amaro.
Immergete i pavesini nell marsala e caffè e disponeteli
in uno stampo, sopra versatevi la crema gialla e per
finire quella col cacao.

Tiramisu

3 Eier
500 g Mascarpone
1 Fiorello (italienischer Frischkäse)
1 Päckchen Vanillezucker
4 EL Kakao (edelbitter)
Löffelbiskuits
Marsalawein
Kaffee
6 EL Zucker

Eigelb mit dem Zucker zu einer schaumigen Creme schlagen. Danach den Mascarpone, den Fiorello und den Vanillezucker dazugeben. Das Eiweiß steif schlagen und dann mit der zuvor präparierten Mascarponecreme mischen. Diese Mischung in zwei gleiche Teile portionieren. Ein Teil wird mit dem Kakao vermischt. Marsalawein mit dem Kaffee mischen. Dann die Löffelbiskuits darin einlegen und in eine Form legen. Die Löffelbiskuits mit dem gelben Teil der Mascarponecreme bedecken. Anschließend den Teil mit Kakao darüber. Fertig!

Pilzpfanne

Maike und Markus Riepe, Mainz-Kastel

WENN MAN AN diesem Garten vorbeispaziert, hängt da am Zaun ein Zone-30-Schild, und man fragt sich so im Spaß: Wie soll man denn hier in der Siedlung so schnell durch die Gärten kommen? Und wenn man dann bei den Riepes klingelt und sich das Schild näher betrachtet, erkennt man: Es war ein Geburtstagsgeschenk für Markus, zu seinem 30. Geburtstag. Das haben seine Nachbarn und Freunde „organisiert". Seit drei Jahren lebt Markus nun in diesem Haus, er hat es gekauft, bevor er Maike kennenlernte. War also alles schon fertig eingerichtet, als sie kam. Dafür hat sie ein Klavier mitgebracht. Sie spielt eigentlich kaum, es war ein Geschenk ihrer Mutter, die hat es mal secondhand gekauft – und so ein Erbstück, das mag man, auch wenn man es nicht benutzt, nicht weggeben. Aber es ist genügsam. Wie Goldfische und Schildkröten. Die leben im Garten der Riepes. Für die Goldfische gibt es einen kleinen Teich, und Maike hat erstaunt beobachtet, dass die Fische sich im Winter auf den Grund zurückziehen und kaum je nach oben geschwommen kommen. Die Schildkröten fallen in einen Winterschlaf, wenn es kalt wird. Sie haben irgendwie warme Namen: Espresso und Cappuccino. In der Küche der Riepes erkennt man: Hier liebt jemand Schokolade ... Kochen scheint nicht ihre größte Leidenschaft zu sein. Eher schon Computer: Markus macht eine Ausbildung im IT-Bereich, und er hat etliche Rechner in seinem Zimmer stehen. Maike fährt für die Arbeit nach Frankfurt, sie ist Vertriebsassistentin. Das Essen sollte einfach und schnell gehen. Spaghetti mögen die Riepes, und Markus hat mal spontan eine „Pilzpfanne" für den Grill erfunden. Hat allen geschmeckt, auch den Nachbarn.

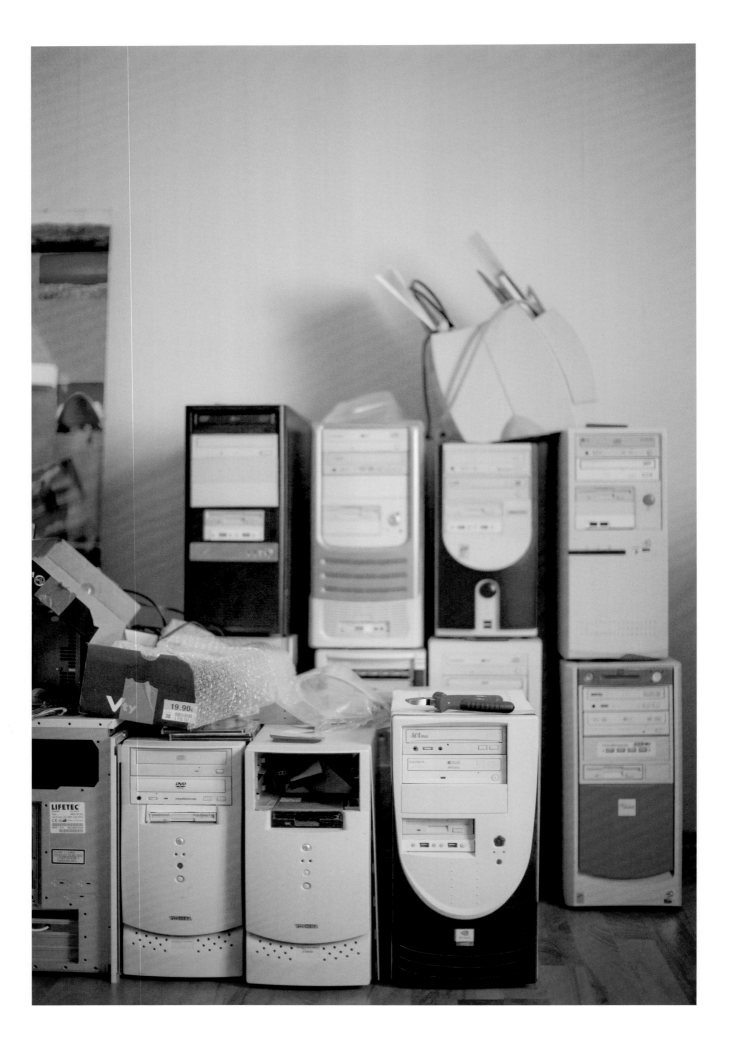

Pilzpfanne

Pilzpfanne

500 g. Champignons
2× Zwiebeln
1× Knoblauchzehe
1× Kräuterbutter
Gewürze, Paprika, Salz,
Pfeffer, Petersilie

*Die Champignons waschen
und schneiden. Die Zwiebeln
und die Knoblauchzehe
stückeln.
Alles in eine Schale geben
und würzen.
Auf den Grill geben und
erhitzen*

Guten Appetit!

500 g Champignons 2 Zwiebeln 1 Knoblauchzehe 1 Stück Kräuterbutter Paprika Salz, Pfeffer Petersilie	Die Champignons waschen und schneiden. Die Zwiebeln und die Knoblauchzehe stückeln. Alles in eine Schale geben und würzen. Auf den Grill geben und garen.

Hackbraten auf Kartoffelgratin

Petra und Siegfried Oelstrom, Kaiserslautern

PETRA UND SIEGFRIED hat es hierher verschlagen. Und wenn man durch ihr Haus und ihren Garten gehen darf, wird einem schnell klar, woher: Der Leuchtturm und die Fische weisen den Weg – weit nach Nordosten, an die mecklenburgische Küste. Kurz vor dem Fall der Mauer wurde ihr Ausreiseantrag genehmigt, im Dezember '89 kamen sie her. Seine Mutter und Geschwister waren schon in Kaiserslautern, fast die ganze Familie. Nun haben ihre Töchter selbst welche, und die sehen sie oft, mit den Enkeln. Eigentlich sehnen sich die Oelstroms an die Küste zurück, zum Wasser, zur Ostsee. Irgendwie haben sie nach all den Jahren immer noch das Gefühl, dass die Menschen hier nicht so offen sind wie dort oben. Zwar gelten die Mecklenburger auch als verschlossen, aber wenn sie sich mal geöffnet hätten, seien sie herzlicher, sagt Siegfried. Und: „Man wird hier nicht heimisch." Sein Heim aber hat er sich sehr liebevoll eingerichtet. Vor allem das im Garten: Da hat er eine kleine Hütte, und darin sammelt er Werkzeuge und auch Biergläser von Lübzer bis Warsteiner. Siegfried mag im Garten alles, was sich bewegt und dreht: Wetterhahn, Windmühle. Freizeit haben Petra und Siegfried nicht sehr viel, sie haben ja zu tun: Sie ist Bibliothekarin in der Uni, er arbeitet mit Behinderten – und dann kommen oft die drei Enkelkinder. Früher hat Petra gekocht – heute backt sie eher mal, wenn die Kinder kommen, Hefekuchen oder Blechkuchen. Für das Essen ist jetzt eher Siegfried zuständig. Was es am häufigsten gibt? Natürlich: Fisch!

Hackbraten auf Kartoffelgratin

1 altbackenes Brötchen
1 Bund Petersilie
1 Ei
500 g gemischtes Hackfleisch
½ TL Salz
½ TL Senf
Pfeffer
Muskat

200 g Pikantje von Gouda
1 TL Kräuter

2 kg mehlige Kartoffeln
Salz, Pfeffer, Muskat
⅛ l Milch oder Sahne

Das Brötchen in Wasser einweichen. Anschließend gut ausdrücken. Die Petersilie waschen und fein hacken. Beides mit Ei und Hackfleisch vermischen. Den Fleischteig mit Salz, Pfeffer, Senf und Muskat kräftig würzen. Den Käse in dicke Riegel schneiden. Den Fleischteig zu einem flachen, länglichen Laib formen. In die Mitte den Käse einlegen und mit Fleischteig umschließen. In eine gebutterte Auflaufform setzen – die Form soll möglichst groß sein. Mit den Kräutern bestreuen. Die Kartoffeln schälen und in dünne Scheiben hobeln. Mit Salz, Pfeffer und Muskat würzen. Milch oder Sahne zugeben, gut mischen. Kartoffeln um den Hackbraten schichten. Restliche Sahne dazugießen. Bei 200°C im Backofen ca. 1 Stunde backen.

Tom Kha Gai

Ricarda Engelsberger und Rainer Rohm, Wuppertal

ACHTUNG, JUNGS, AUFGEPASST – dies ist der Mann eurer Träume. Beziehungsweise: Rainer Rohm hat erreicht, wovon wirklich nicht wenige kleine Jungs träumen. Er ist Feuerwehrhauptmann! Leider, Jungs, ist zu berichten, dass man da nicht hauptsächlich mit einem großen Löschfahrzeug rumrast, Blaulicht an, Schlauch raus, und dann brennende Scheunen oder brennende Hundehütten oder brennende Backöfen löschen. Nicht, dass Brände schön wären. Aber doch offensichtlich das, wovon Jungs träumen. Rainer Rohms Kollege führt oft kleine Kindergartengruppen oder Schulklassen durch ihre Arbeitsräume. Da sehen sie dann auch die Pritschen, auf denen Rainer und seine Kollegen schlafen können, wenn sie, wie so oft, 24-Stunden-Schichten schieben. Und womit er, Jungs, am meisten zu kämpfen hat, das sind Herzinfarkte und Autounfälle. Wenn Menschen rasend schnell geholfen werden muss. Ganz selten auch mal Katzen, ja, wenn sie von Bäumen nicht mehr runterkommen. Aber dafür würde Rainer nicht extra zu Hause angerufen. Da muss es schon ganz schlimm kommen. Rainer ist wegen seiner Schichtarbeit tagsüber oft mal zu Hause, deswegen kocht er auch gern. Ricarda und Rainer waren einige Male in Thailand, zum ersten Mal während ihrer Flitterwochen. Seither kochen sie oft Thai. Kennengelernt haben sie sich vor 13 Jahren, und zwar hat Rainer an Ricardas Tür geklingelt – und schon war's geschehen. Aber nicht ganz zufällig. Rainer sollte eigentlich mit einer Freundin von Ricarda kommen, die war dann aber zu spät. Ricarda arbeitet als Vertreterin für Kleidung, entweder von zu Hause aus oder, was ihr noch lieber ist: Sie fährt zu den Kunden. Sie mag das, mit Leuten quatschen. Und sie näht gern. Zurzeit sitzt sie an einem Vorhang für ihr Büro. Muss ja nicht jeder reingucken.

Tom Kha Gai (Hühnersuppe mit Zitronengras)

Zutaten	
2 Stängel Zitronengras	
2 walnussgroße Stücke frischer Galgant	
3 Zitronenblätter	
250 g Champignons	
2 mittelgroße Tomaten	
3 frische thailändische Chilischoten	
500 g Hühnerbrustfilet	
1 Dose Kokosmilch	
4 EL Limettensaft	
3 EL thailändische Fischsoße	
Korianderblätter zum Garnieren	
Für 4 Personen	

Zitronengras waschen, in 3 cm große Stücke schneiden, Galgant waschen, in dünne Scheiben schneiden, Zitronenblätter waschen und vierteln. Pilze und Tomaten vierteln, Chilis in dünne Ringe schneiden. Hühnchen in Stücke schneiden. Kokosmilch erhitzen, Zitronengras, Zitronenblätter, Galgant dazugeben und bei mittlerer Hitze 2 Minuten kochen lassen. 750 ml Wasser dazugießen, erhitzen, Hühnchen, Pilze und Tomaten dazugeben und 5 Minuten köcheln lassen. Chilis, Limettensaft und Fischsoße dazugeben, nochmals 5 Minuten köcheln lassen. Tom Kha Gai wird mit Reis gegessen.

Sauerkraut und Kartoffelbrei

Vera und Wladimir Rose, Köln

DAS HAUS DER Roses wirkt wie ein kleines Museum für ihre Sehnsucht. Es ist von oben bis unten geschmückt mit Bildern, Souvenirs und Erinnerungen an ihre Heimat Kasachstan: Birkenwäldchen auf dem Regal, ein geschnitzter Adler überm Bett und das Haus von Veras Mutter im Rahmen, ein Holzhaus mit Veranda und Hühnern davor. Veras Mutter lebt immer noch in Kasachstan, alleine und mit über 80, und Vera versucht, sie jedes Jahr dort zu besuchen. Dann gibt es meistens Kartoffeln und Fleisch, und „Kartoffeln und Fleisch" ist es auch, was sie sofort sagt, wenn man sie nach ihrer Leibspeise fragt. Ihre Tochter Helena beschwert sich manchmal, dass es so oft das Gleiche zu essen gibt. Darum schreibt Vera eben ein Rezept für Kartoffelbrei mit Sauerkraut auf. Seit 13 Jahren sind die Roses nun in Deutschland, und Wladimirs Sehnsucht ist nicht ganz so groß wie die seiner Frau: Der Großteil seiner Familie lebt in Köln. Außerdem kommt er auch ganz schön in der Gegend rum, er ist Lastwagenfahrer, und vielleicht ist er da froh, wenn er überhaupt mal zu Hause ist. In Kasachstan hat Vera als Lehrerin unterrichtet, und das sogar in Latein. Deswegen fiel es ihr in Deutschland nicht so schwer, als Floristin zu arbeiten: Die botanischen Namen sind ja alle in Latein. Früher hat sie sehr viel gestrickt, und ein paar Schals und Pullis liegen auch noch in ihrem Schrank. Aber hier in Deutschland strickt sie kaum noch, denn erstens kann man hier ganz einfach was zum Anziehen kaufen und zweitens ist es lang nicht so kalt wie in Kasachstan.

Капуста тушёная
со свининой.
1 кг – мясо свиное (лытка),
2 кг – кислая капуста
Соль и перец по вкусу
Всё тушится в
кастрюле на медлен-
ном огне около 2х час.
Гарнир: картофель – пюре.

Sauerkraut und Kartoffelbrei

1 kg Eisbein vom Schwein	Alles langsam kochen, für ca. 2 Stunden.
2 kg Sauerkraut	Beilage: Kartoffelpüree.
Salz und Pfeffer für Geschmack	

Gedämpfte Nudeln auf gedünstetem Kohl mit Fleisch

Iryna und Dimitri Rube, Bonn

VORNE DRAUF, AUF Dimitris altem Schulwörterbuch Russisch-Deutsch, kleben Bilder von schnellen Autos. „Kindheitsträume" sagt er heute. Damals, als er noch in Russland lebte, bevor er 1997 mit seinen Eltern nach Deutschland kam, war beispielsweise so ein BMW ein Traum von einer anderen Welt. Eher schon sah man nämlich Ladas und Wolgas auf den Straßen kurven. Aber mittlerweile ist Dimitri näher dran, an seinem Kindheitstraum. Ein Häuschen hat er schon mal, und einen Beruf, den er mag: Er arbeitet als technischer Übersetzer. Er ärgert sich zwar noch ein bisschen über seinen Akzent, aber das Wörterbuch braucht er wirklich nicht mehr. Auch seine Frau Iryna ist Übersetzerin für Russisch, jedoch für große Firmen. Und die Tochter der beiden, Viktoria, hat auch einen großen Kindheitstraum. Natürlich nicht von schicken Autos. Sondern – drei Mal dürfen Sie raten –, ja klar: von Tütüs und Tanzen und Spitze und Plié. Im Hintergrund läuft gerade die Musik von Schwanensee, und Viktoria springt gern auf die Spitze, um zu zeigen, wie nah sie schon dran ist, an ihrem Traum. Bald werden sie einen Auftritt haben, mit dem Kindermusical „Die zertanzten Schuhe". In den Ferien fahren die Rubes gerne nach Frankreich. Da gefällt es allen dreien sehr gut. Viktoria bestimmt auch, weil von da her ja auch die Wörter stammen, die sie im Ballett oft hört. Ihre Eltern sprechen auch ein wenig Französisch, aber ein Wörterbuch müssen sie schon immer mitnehmen. Da kleben aber keine schnellen Autos drauf. Gibt's die überhaupt, in Frankreich? Excusez-moi! Da fährt man dann doch eher mit dem Schnellzug.

Штрули на тушёной капусте

Капусту помыть, пропарить в горя-
чей воде, прашинковать и стушить
с мелко нарезанным луком и мор-
ковкой. Добавить соль, перец, приправу
(напр. шалфей). По желанию, можно стушить капусту с мясом.

Приготовить дрожжевое тесто, розкочать
его и помазать маслом. Свернуть в тру-
бочку, нарезать на 6 см длинные полоски.
В большой кастрюле положить тесто на
капусту и тушить на маленьком огне до
готовности (са 30 Min.)

Ингредиенты:
1 кг капусты
300 г мясо
1 морковка
1 луковица
соль, перец, приправы
Для теста
250 г муки
1 яйцо
1/2 пачки дрожжей
соль
масло (са 50g)

Gedämpfte Nudeln auf gedünstetem Kohl mit Fleisch

1 kg Kohl
300 g Fleisch
1 Möhre
1 Zwiebel
Salz, Pfeffer
Evtl. Salbei

Hefeteig
250 g Mehl
1 Ei
½ Würfel Hefe
1 Prise Salz
Butter
⅛ l Milch

Den Kohlkopf in heißem Wasser kurz aufkochen, hobeln und mit zerkleinerter Möhren, Zwiebeln und Fleisch dünsten, mit Salz, Pfeffer und evtl. Salbei abschmecken. Hefeteig zubereiten. Dünn ausrollen, mit Butter bestreichen und in eine Rolle formen. Etwa 6 cm große Streifen schneiden. In einem großen Topf auf dem Kohl diese Dampfnudeln dünsten, bis sie fertig sind (ca. 30 Minuten). Nudeln mit Kohl und geschmolzener Butter servieren.

Sprudelkuchen

Susanne Schulte, Köln-Merheim

IN EINER SIEDLUNG wie dieser, in der so viele Kinder herumtollen, kann man schon mal den Überblick verlieren. Wie Vogelschwärme bewegen sich Gruppen von Kindern durch Gärten und Häuser. Und da kann es passieren, dass man in das Zimmer seiner Kinder guckt und da starren einen dann fremde Kinderaugen an, weit aufgerissen, und das Kind sagt: „Ich will nach Hause." Aber wo ist das jetzt? In dieser Siedlung sind alle neu, Susanne Schulte wohnt mit ihren beiden Kindern auch erst seit ein paar Monaten hier. Und damit alle immer wieder nach Hause finden, haben sie ein großes Plakat gebastelt, auf dem stehen alle Kinder – mit den Nummern der Häuser, in denen sie leben. Susannes Tochter hat gerade ein paar Pflastersteine gefunden, die wohl noch vom Bau herumlagen. Die bemalen sie jetzt. Sie sind überhaupt ziemlich kreativ und man merkt, dass Susanne sich viel Zeit nimmt, mit ihren Kindern zu basteln. Sie arbeitet als Psychologin in der Personalberatung und lebt alleine mit ihren Kindern. In ihrem Garten wachsen Beeren und sie hat sogar eine kleine Brücke gebaut, über ein Bächlein, das vom Regenwasser gespeist wird. Und sie hat eine Sauna. Vielleicht die winzigste Sauna, die man sich vorstellen kann. Denn Susanne friert schnell im Winter, und mit der Sauna wärmt sie sich und die Wohnung ein bisschen auf. Aber sonst ist Susanne ein spritziger Typ. So ähnlich wie der Kuchen, den sie gerne für die Kinder bäckt: Sprudelkuchen. Der ist leicht und frisch, sagt sie.

Sprudelkuchen

4 Eier
150g Sonnenblumenoel
300g Zucker
1 Vani.Zucker
300g Mehl
1 Backpulver
1 Tasse Mineralwasser
etwas Zitrone

alles gut mischen
und 45 min bei 180°C
backen

Sprudelkuchen

4 Eier
150 g Sonnenblumenöl
300 g Zucker
1 Päckchen Vanillezucker
300 g Mehl
1 Päckchen Backpulver
1 Tasse Mineralwasser
Etwas Zitrone

Eier mit dem Zucker und dem Vanillezucker schaumig rühren.
Öl zugeben. Mehl mit Backpulver, Mineralwasser und Zitrone
nach und nach unterrühren. 45 Minuten bei 180 °C backen.

Tarta de Santiago

Marina Wasser und Juan Antonio Benito Garcia, Wuppertal

EIGENTLICH WÄREN TONIS Eltern gerne in ihre Heimat zurückgekehrt, Spanien ist es doch in all den Jahren geblieben. Sie haben mit ihren Kindern immer spanisch gesprochen. Toni wurde in Deutschland geboren und fühlt sich wie seine Geschwister so zu Hause hier, dass sie sich nun sogar alle drei ein Häuschen gekauft haben, und zwar direkt nebeneinander. Als Toni und Marina sich ihr Musterhaus angeschaut haben, kamen die Geschwister auch mal eben gucken – und waren so angetan, dass sie nun alle hier wohnen. Na ja, und das ist schon ziemlich praktisch und bindend für die Eltern. Also sind sie doch nicht nach Spanien zurück, in das kleine Örtchen in der Nähe Madrids, in der Estremadura. Marina findet es auch praktisch, denn es ist viel sinnvoller, für mehrere Menschen zu kochen, als immer nur für zwei. Toni und Marina sind noch nicht lange ein Paar, aber Marina ist sozusagen schon halbe Spanierin. Sie kocht gern spanisch und zaubert in Windeseile einen köstlichen Mandelkuchen, die Tarta de Santiago. Sieht original spanisch aus: mit dem Kreuz im Puderzucker darauf. Und Marina sammelt auch alle möglichen Tonschalen und Vasen und Karaffen aus Spanien. Toni sagt, es sei ein wenig wie eine Obsession: Man freut sich so, wenn man wieder was für die spanische Sammlung gefunden hat, dass man manchmal vergisst, dass einem allmählich der Platz dafür verloren geht. Toni ist Industriemechaniker, Marina zwar gelernte Drogistin, arbeitet aber zurzeit in einem Taxi-Callcenter. Manche Leute rufen da täglich an, weil sie ein Taxi brauchen, und obwohl sie sie noch nie im Leben gesehen hat, haben Marina und ihre Kollegen im Callcenter schon fast eine Art Beziehung zu den Stammkunden aufgebaut. So was gibt's, sogar im Callcenter.

Tarta de Santiago

150 g Puderzucker
100 g Butter
2 Eier
200 g gemahlene Mandeln
- Butter und Mehl für die Backform

Die weiche Butter mit 100 g Puderzucker rühren, bis die Masse hellgelb und dick wird.

Die Eier zugeben und weiterrühren, bis die Mischung cremig wird.
Die gemahlenen Mandeln unterziehen.

Mit einem Pinsel die runde Backform mit der Butter einfetten und mit Mehl bestäuben.

Den Teig in die Form füllen und bei 180°C im vorgeheizten Ofen 20-25 Minuten backen. Den Kuchen stürzen und abkühlen lassen.

Den Kuchen auf ein Blech legen und ein Jakobskreuz in die Mitte des Kuchen legen. Die Oberfläche mit Puderzucker bestäuben und das Kreuz vorsichtig ablösen.

Tarta de Santiago

150 g Puderzucker
100 g Butter
2 Eier
200 g gemahlene Mandeln
Butter und Mehl für die
Backform

Die weiche Butter mit 100 g Puderzucker verrühren, bis die Masse hellgelb und dick wird. Die Eier hinzugeben und weiterrühren, bis die Mischung cremig wird. Die gemahlenen Mandeln unterziehen. Mit einem Pinsel eine runde Backform mit Butter einfetten und mit Mehl bestäuben. Den Teig in die Form füllen und bei 180 °C im vorgeheizten Backofen 20-25 Minuten backen. Den Kuchen stürzen und abkühlen lassen. Den Kuchen auf ein Blech und ein Jacobskreuz auf die Mitte legen. Den Kuchen mit Puderzucker bestäuben und das Kreuz vorsichtig ablösen.

Chinesisches Schweinefleisch

Bernhard Hoffmann, Kaiserslautern

WENN MAN BEI Bernhard Hoffmann und seiner Lebensgefährtin reinspaziert und am Treppengeländer und an den Regalen vorbeikommt, dann kann man schon mal auf den Gedanken kommen: Huch, ist das eine große und weitverzweigte Familie! So viele Kinderfotos und so viele Brettspiele! Aber Pusteblume: Die vielen Kinder, das sind Bernhards Nichten und Neffen, von denen ist er Patenonkel, und dann hat er noch ein Patenkind extra. Einige von ihnen leben direkt neben ihm, in den nächsten Häusern wohnen seine Freunde. Zäune brauchen sie da keine, sie grillen zusammen und sie spielen eben auch gerne. Die Siedler von Catan oder Therapy oder Tabu. Bei Bernhard hat alles seinen Platz. Bestimmt haben die Leute, die ihn bitten, ihr Unternehmen zu beraten, bei ihm das Gefühl: Der ist gut sortiert, der schafft mein Chaos weg. Auch seine Küche ist in Ordnung. Bernhard kocht viel und auch öfter als seine Lebensgefährtin. Er hat viele Kochbücher und kocht gern nach Rezept. Manche Leute hauen ja so querbeet nach Bauchgefühl Sachen zusammen. Vielleicht liegt es auch daran, dass er zu Hause arbeitet - da kann man sich in der Küche ganz gut ausleben. Er bäckt auch Kuchen, aber besonders gern mag er das Rezept, das seine Schwester ihm mal gegeben hat: Chinesisches Schweinefleisch.

Zutaten

1 Pfund Schweinefleisch (mager)
2 Saure Äpfel
1 Stange Lauch
1 rote Paprikaschote
1 Dose Sojabohnen
1/4 Liter Brühe
3 Teelöffel Essig
1 1/2 Esslöffel Ketchup
1 1/2 Teelöffel Knoblauch
1/2 Teelöffel Ingwer
1 1/2 Esslöffel Curry
1 1/2 Teelöffel Paprikapulver

Zubereitung

Das Fleisch würfeln, salzen, pfeffern und in
Öl 1/2 Stunde braten
Die restlichen Zutaten (kleingeschnitten) in
einen großen Topf geben und ebenfalls
in Öl anschmoren (ca. 20 min).
Jetzt das Fleisch dazugeben. Nochmals 1/2 Stunde
garen lassen.

Beilage

Reis oder chinesische Nudeln

Chinesisches Schweinefleisch

Chinesisches Schweinefleisch

1 Pfund Schweinefleisch (mager)
2 saure Äpfel
1 Stange Lauch
1 rote Paprikaschote
1 Dose Sojabohnen
¼ l Brühe
3 TL Essig
1½ EL Ketchup
1½ TL Knoblauch
½ TL Ingwer
1½ EL Curry
1½ TL Paprikapulver

Das Fleisch würfeln, salzen, pfeffern und in Öl eine halbe
Stunde braten. Die restlichen Zutaten (klein geschnitten) in
einen großen Topf geben und ebenfalls in Öl anschmoren
(ca. 20 Minuten). Jetzt das Fleisch dazugeben. Nochmals
eine halbe Stunde garen lassen. Beilage: Reis oder
chinesische Nudeln.

Bienenstich

Kerstin und Dieter Wernicke, Mainz-Kostheim

E S GIBT MENSCHEN – und das sind wohl die meisten –, wenn deren Geburtstag naht, weiß man nie, was man ihnen schenken soll. Kerstin Wernicke aber scheint es ihren Freunden leicht zu machen: Sie bekommt wahnsinnig viele Plüschtiere und Püppchen geschenkt. Sie beleben das ganze Haus, und weil die Wernickes eben erst eingezogen sind und sie vorher mehr Stauraum hatten, liegen auch erst mal noch drei Tüten voller Tierchen auf dem Speicher. Kerstins Zimmer sieht ein bisschen aus wie ein Kinderzimmer. Die Wand hinter der Essecke wollte sie zwar mit Bärchen-Bordüre haben, aber nicht rosa, sondern gelb. Auf der großen Stereo-Anlage aus den Achtzigern wird viel Musik gespielt, auch sehr gern aus den Achtzigern. Kerstin und Dieter tanzen auch gern, einmal die Woche gehen sie sogar in einen Tanzkreis. Wenn sie Zeit haben. Gerade, wegen des Umzugs, nicht so. Kerstin ist pharmazeutische Assistentin, Dieter macht AT-Support am Frankfurter Flughafen. Gelernt hat er Bäcker. Das ist immer noch eine seiner Lieblingstätigkeiten. Aber man muss da so früh aufstehen! Und bezahlt wird der Beruf auch nicht so doll. Jetzt backt Dieter eben daheim, in der Freizeit. Die beiden lieben seinen Bienenstich.

Knut's Rezeptbuch

Bienenstich

Zutaten

Teig
300 g Mehl, 50 g Butter, 6 g Salz,
40 g Hefe, ca 150 ml Milch, 1 Ei

Belag
100 g Butter, 100 g Zucker, 50 g Honig,
200 g Mandeln, 3 Eßl Dosenmilch

Füllung
750 g Milch, 2 Pak Vanillepudding,
2 Teel. Vanilla, 6 Eßl. Zucker, 200 ml Sahne,
3 Eßl. Eierlikör

Zubereitung

Belag:
Alle Zutaten auf dem Herd vermengen und
warm auf den Teig geben.

Teig:
Wie Hefeteig verarbeiten. Teil 11 Min auf der
untersten Schiene backen.
Den Kuchen mit dem Belag ca 5-8 Min
auf der obersten Schiene fertig backen.

Füllung
Den kalten Pudding ohne Haut mit der
geschlagenen Sahne u. Eierlikör vermengen
und auf den Kuchen geben.

Bienenstich

Teig
300 g Mehl
50 g Butter
6 g Salz
40 g Hefe
Ca. 150 ml Milch
1 Ei

Wie Hefeteig verarbeiten. Teig 11 Minuten auf der untersten Schiene backen. Den Kuchen mit dem Belag ca. 5-8 Minuten auf der obersten Schiene fertig backen.

Belag
100 g Butter
100 g Zucker
50 g Honig
200 g Mandeln
3 EL Dosenmilch

Alle Zutaten in einem Topf auf dem Herd vermengen und warm auf den Teig geben.

Füllung
750 g Milch
2 Päckchen Vanillepudding
2 TL Vanilla
6 EL Zucker
200 ml Sahne
3 EL Eierlikör

Den kalten Pudding ohne Haut mit der geschlagenen Sahne und Eierlikör vermengen und auf den Kuchen geben.

Pasta con Ragú

Giuseppina Calderaro, Mannheim

GIUSEPPINA IST IN Deutschland geboren, aber fast alles in ihrem Haus – die Möbel, die Bilderrahmen, die Vasen, die Vorhänge, natürlich die Espressokanne und vor allem dieser bezaubernde Singsang von einem Pfälzisch, das an den Wortenden ins Sizilianische ebbt ... – lässt einen hier an Italien denken. Im Fernsehen läuft eine italienische Schmonzette. Ihre Tochter Gabriella hüpft mit ihrem Cousin Michelangelo auf dem Trampolin im Garten, ihr Sohn hält ein Nickerchen ab. Und es ist ein Zufall, dass Guiseppina gerade zu Hause ist, denn sie arbeitet viel. Morgens um fünf geht sie aus dem Haus und kommt erst am Nachmittag um drei zurück. Sie arbeitet im Geschäft ihrer Familie, einem Reinigungsbetrieb. Gerade aber sind sie alle aus den Ferien zurückgekommen. Sie waren in dem sizilianischen Dorf, aus dem Giuseppinas Mutter kommt. Ihr Vater stammt aus einer anderen Gegend, da fahren sie auch immer noch hin. Giuseppina fährt gerne zu Besuch nach Italien. In die Sonne. Zur Familie. Zum guten Essen. Aber auf Dauer ist ihr Deutschland viel lieber. „Es hat mehr zu bieten", sagt sie, „und alles funktioniert." Selbstverständlich kocht Giuseppina die Pasta ihrer Mutter und die von deren Mutter ... al pomodoro.

Nudel mit Tomatensoße

500 gr. Hackfleisch
1 Zwiebel
2 Passierte Tomaten
2 Geschälte Tomaten
Salz
Pfeffer
ein bisschen Zucker

Öl im Topf ein bischen breten, denach 500 gr. Hackfleisch, geschälte Tomaten und passierte Tomaten, wasser und am ende Salz, pfeffer und ein bisschen Zucker.
Kochen lassen circa 1 Std.

Topf mit Wasser und Salz stellen, kochen lassen und denn Nudel rein mechen circa 10 Min.
Danach alles zusammen mischen Nudel mit Tomatensoße und Grene Padano.

Pasta con Ragú

500 g Hackfleisch	Öl im Topf erhitzen, dann Hackfleisch, geschälte Tomaten und passierte Tomaten, etwas Wasser und am Ende Salz, Pfeffer und ein bisschen Zucker dazugeben. Kochen lassen, ca. 1 Stunde. Topf mit Wasser und Salz aufsetzen, kochen lassen und dann Nudeln ca. 10 Minuten kochen. Danach alles zusammenmischen: Nudeln mit Tomatensoße und geriebenem Grana Padano.
Zwiebel	
Passierte Tomaten	
Geschälte Tomaten	
Salz	
Pfeffer	
Zucker	
Grana Padano	

Linguine mit Lachs-Sahne

Viola und Hans-Joachim Wieser, Köln

RONJA SCHEINT DIE perfekte Küchenhilfe zu sein. Wenn man die Familie Wieser nach ihrem Lieblingsrezept fragt, springt Ronja auf, hüpft auf die Arbeitsplatte in der Küche und greift im Regal ganz oben unter der Decke nach dem Kochbuch der Familie. Sie lernt kochen, für die Zeit, in der ihre Mutter mal wieder arbeitet. Noch ist Viola Wieser zu Hause, denn ihr Jüngster Luis ist erst zwei. Aber später mal, wenn Ronja aus der Schule kommt, will sie sich selbst was kochen. Sie geht auch mit einkaufen, in dem Supermarket in ihrem Wohnpark. Es ist hier eine riesige Siedlung mit Reihenhäusern, und man bekommt an Lebensmitteln alles, was man braucht. Nur das Flair fehlt ein bisschen, sagt Viola Wieser. Früher haben sie in der Nähe einer kleinen Einkaufsstraße gewohnt, da war halt ein bisschen mehr Atmosphäre. Aber dann brauchten sie ein Häuschen, in dem man Platz hat und das nicht zu teuer ist – mit drei Kindern und einem Hund. Ronja ist aber nicht nur engagiert im Haushalt, sie ist auch gut in der Schule. Das hat auch einen guten Grund: Würde sie da rumalbern, dürfte sie dienstags nachmittags nicht zu ihrer Reitstunde. Die Linguine sind übrigens das Lieblingsgericht von Ronja und Dennis – nicht mit Tomatensoße, sondern mit Lachs. Echte Feinschmecker.

Linguine mit Lachs-Sahne

500g dünne, schmale
Bandnudeln

1 EL Olivenöl, Salz

200g Räucherlachs

20g Butter
1·2 EL Weißwein
1 EL Tomatenmark
2 Becher Sahne
3 Zweige Oregano
2 entkernte Oliven

Nudeln in heißen Salzwasser bißfest kochen. Den Lachs in
schmalen Streifen schneiden und in der heißen Butter 1-2 Min.
andünsten. Wein und Tomatenmark einrühren, die Sahne zufügen
und alles einmal aufkochen. Oregano in die Soße geben. Oliven
in die feine Stifte schneiden. Die Soße mit Salz und Pfeffer
abschmecken. Die gut abgetropften Nudeln in die Soße geben
und mit den Oliven und Oregano garnieren.

Linguine mit Lachs-Sahne

500 g dünne, schmale
Bandnudeln
1 EL Olivenöl
Salz
200 g Räucherlachs
20 g Butter
1-2 EL Weißwein
1 EL Tomatenmark
2 Becher Sahne
3 Zweige Oregano
2 entkernte Oliven

Nudeln in heißem Salzwasser bissfest kochen. Den Lachs in
schmale Streifen schneiden und in der heißen Butter 1-2 Minuten
andünsten. Wein und Tomatenmark einrühren, die Sahne
hinzufügen und alles einmal aufkochen. Oregano in die Soße
geben. Oliven in feine Stifte schneiden. Die Soße mit Salz und
Pfeffer abschmecken. Die gut abgetropften Nudeln in die Soße
geben und mit den Oliven und Oregano garnieren.

Gefüllte Weinblätter

Ruken und Besir Zayim, Köln

WIR WOLLEN ES nicht übertreiben, aber manchmal ist das hier in der Siedlung für die Zayims doch wie im Paradies: Da wachsen einem die Träublein und deren Blätter quasi in den Mund. Es ist nämlich so, dass Ruken und Besir gefüllte Weinblätter lieben. Und ihre Nachbarn haben Wein auf den Ranken, und da pflücken sie die Blätter, legen sie ein und füllen sie mit Korinthen und Reis. Köstlich! Manche Leute kennen das von ihrem Griechenlandurlaub her, und auch Ruken und Besir fahren gern nach Griechenland, auch weil die Küche dort der ihren sehr ähnelt. Denn im Kurdischen kocht man, wie im Türkischen und eben im Griechischen, viel mit Gemüse und Fleisch und mit ähnlichen Gewürzen. Vermutlich kommen sie zurzeit aber nicht so zum Kochen und Reisen, denn mit dem fünf Monate alten Royan ist auch so zu Hause genug los. Besir kann sich schon gar nicht mehr erinnern, was sie in ihrer Freizeit gemacht haben, bevor das Baby kam. Fernsehen gucken? – Jetzt ist der Fernseher noch nicht mal angeschlossen, und keinen stört's. Sie sind aber auch ganz frisch eingezogen. Vorher haben sie in einer Studentenbude gewohnt, da hat Besir noch Informatik studiert und Ruken BWL. Also gucken sie eben eher über den Fernseher an die Wand. Da hängt ein Foto von zwei kurdischen Flüchtlingskindern.

Sarma

1. Paket Bağ Yaprak
300gr Pirinç
20 gr Kuş üzmü
20 gr. Çam Fıstığı
isteğe göre Dil.
isteğe göre Maydonoz
3 çay kaşığı Tuz
1 çay kaşığı Kara biber
300 ml Su
50 ml Zeytinyağ

Su Pirinci suyun içinde yumuşak olana kadar
bekletin içine kuş üzmü, kara biberi, Tuzu
limon suyu, Zeytin yağı, Maydonozu ekleyin
ve bu karisimi yapraklara koyun ve
sarın.

Gefüllte Weinblätter

1 Packung Weinblätter
300 g Reis
20 g Korinthen
20 g Pinienkerne
Dill nach Belieben
Petersilie nach Belieben
3 TL Salz
1 TL Pfeffer
300 ml Wasser
50 ml Olivenöl
1 Zitrone

Wasser kochen, Reis im Wasser garen, anschließend Salz, Pfeffer und Öl dazugeben. Dill und Petersilie ganz klein hacken und zum Reis geben. Pinienkerne und Korinthen kurz in Öl anbraten und ebenfalls zum Reis geben. Alles zusammen mit dem Saft der Zitrone vermengen, dann portionsweise auf die Weinblätter geben und diese zu kleinen Päckchen aufrollen.

Tagliatelle mit Zitronen-Krabben-Soße

Nicole und Holger Scholl, Weiterstadt

DIE SCHOLLS HABEN einen Hund, der heißt Shorty. Und dieser Name passt, als wäre er nur für Shorty gemacht. Er kommt aus Portugal und muss eine Promenadenmischung sein: großer Kopf, irre menschlich blickende, haselnussbraune Augen und dann ... diese Beine. Machen dem Namen alle Ehre: So kurz sind sie! Wenn man Shorty so vor sich hat, muss man unwillkürlich denken: Für den guten Hund fehlten dem Schöpfer die Ersatzteile. Aber der Kurze ist ein ganz lieber, und gut erzogen haben ihn die Scholls auch. Denn es ist wichtig, sich in einer Familie, mit Hund, auf ein gemeinsames Verhalten zu einigen. So machen das Nicole und Holger auch mit Tom und Sarah. Die beiden Kinder spielen gern zusammen, sie haben oben im Haus zwei Zimmer nebeneinander, die sind voller Spielzeug und bunten Farben – und die beiden toben gern. Auch, wie viele Kinder, direkt nach dem Mittagessen, wenn man nach dem langen Sitzen (von etwa, sagen wir mal, 10 Minuten im Kinder-Schnitt) endlich wieder Auslauf bräuchte. Tom und Sarah sollen sich nach dem Mittagessen am Wochenende also erst mal eine halbe Stunde ruhig verhalten. Damit alle das Essen in Ruhe ausklingen lassen können. Das ist sinnvoll. Gerade ist Sarah wie hypnotisiert, siie guckt die Fernsehserie „Hannah Montana". Nicole hätte eigentlich gern Spaghetti bolognese zum Besten gegeben, die macht sie gern. Genau so wie die Marmeladen, die kochen sie selber. Aber dann kommt sie auf die Tagliatellte mit Krabben und Zitronen, mal was anderes. Am Wochenende backt sie meistens einen Kuchen und die Kinder helfen ihr dabei. Muss nicht immer alles selbst gebacken sein, es gibt auch gute Backmischungen. Für die man sich heutzutage echt nicht mehr schämen muss.

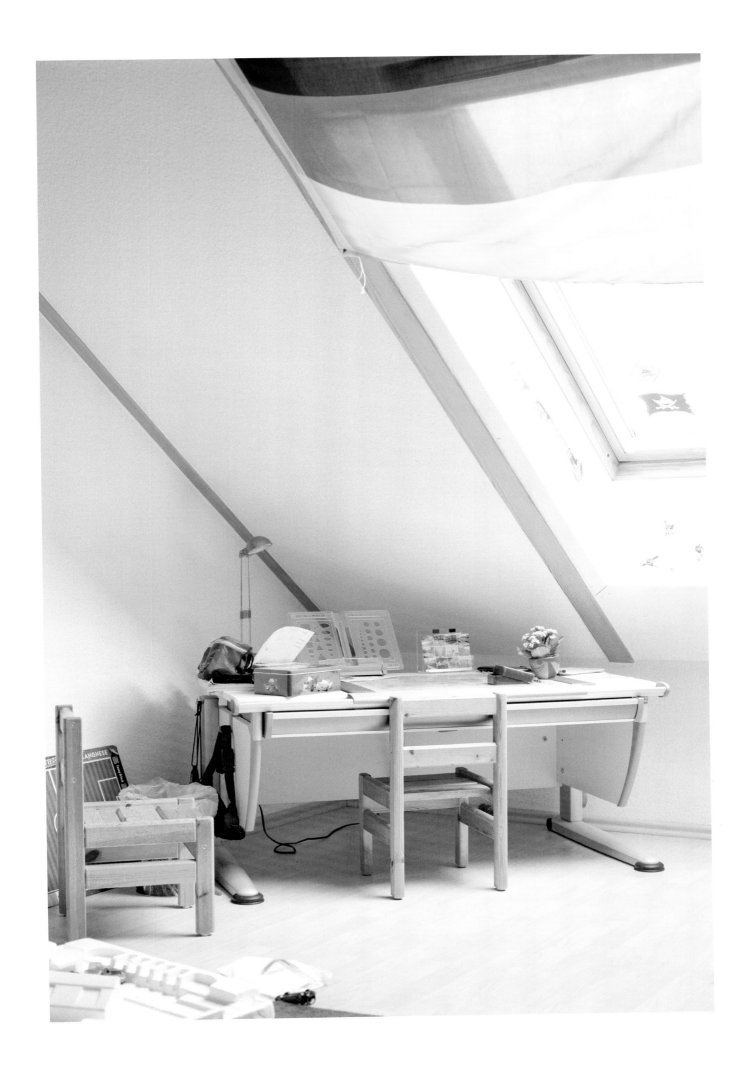

Tagliatelle mit Zitronen-Krabben-Soße

200 g Tagliatelle-Nudeln
200 g Krabben
2-3 Frühlingszwiebeln
1 Knoblauchzehe
100 ml süße Sahne
½ Zitrone
Öl zum Braten
1 EL Aperitif

Wasser zum Kochen bringen, salzen, Tagliatelle nach Packungsanweisung kochen und abtropfen lassen. Krabben abspülen und abtropfen lassen. Frühlingszwiebeln putzen, waschen und in Ringe schneiden. Knoblauchzehe schälen und klein schneiden. Öl in einem Topf oder einer Pfanne heiß werden lassen und Knoblauch und Frühlingszwiebeln darin andünsten. Krabben mit Sahne hinzufügen und einkochen lassen, bis die Soße sämig ist. Saft und Schale der Zitrone dazugeben und mit Aperitif abschmecken. Die Soße zu den Nudeln servieren.

Grünkohl mit Kassler und süßen Kartoffeln

Marion und Ottmar Becher, Meckenheim

ACHTUNG, LIEBE LESERIN, jetzt mal herhören, hier kommt nämlich ein Spitzen-Tipp einer erfahrenen Ehefrau! Wenn man in Marion Bechers Badezimmer tritt, stehen da schön arrangiert einige Flakons mit Chanel Nummer 5. Eindeutig ein Duft, der zu Marion passt: klassisch und modern und geradeaus. Es ist aber nicht so, dass Marion die Flakons nur sammelte, aus einer Sammlerinnenleidenschaft heraus oder so, nein, die erfahrene Ehefrau trägt nicht nur einen betörenden Duft, sie trägt sich auch mit Hintergedanken: Wenn ihr Parfum zur Neige geht, schiebt sie den Flakon ganz weit vor. So weit, dass sogar ein Ehemann mal seinen Blick darauf fallen lässt. Und schnallt: Ah, meine Liebste braucht Nachschub. Selbstverständlich ist das auch ein Hinweise an männliche Leser. Die Bechers sind überhaupt findige und weltgewandte Menschen. Durch Ottmars Beruf bei der Bundeswehr sind sie viel in Deutschland herumgekommen, sie haben in zehn Städten gelebt. In welchen, das kann der Besucher erraten, wenn er die Kupferstiche an der Wand betrachtet – und drauf kommt, welchen Ort sie darstellen. Wie ein Puzzle des Lebens wirken auch die beiden 400 Jahre alten Ölgemälde, die immer schon in Marions Familie waren und weitervererbt wurden. Bei den Großeltern lagen sie wohl noch auf dem Speicher rum, aber ein Experte hat den Bechers verraten, dass ihre Bilder ordentlich was wert sind. Weil sie ein Paar bilden, und selten bleiben solche Paare zusammen. Wenn das mal keine Metapher ist. Für Marion und Ottmar, die zumindest auf den Besucher recht vital und unternehmungslustig wirken – wie ein gutes Paar eben.

Grünkohl mit Kassler und
süßen Kartoffeln

Zutaten: gut 1kg frischen Grünkohl
100 g Schmalz
1 gr. Zwiebel
1/8 l Fleischbrühe
Gewürzsäckchen aus (2 Pimentkörner,
2 Nelken, 10 schw. Pfefferkörner, 1 Lorbeerblatt)
250 g magerer durchwachsener Speck
4 Mettenden

Grünkohl putzen, Strunk entfernen, kurz blanchieren,
grob schneiden und in Schmalz mit kleinge-
schnittener Zwiebel andünsten, in Stücke
geschnittenen Speck, halbierte Mettenden, Gewürzsäckchen und Fleischbrühe zugeben - ca 60 Min.
dünsten - abschmecken. Gewürzsäckchen entfernen und evte. mit Haferschmelzflocken
binden.
           Kassler

Zu: ca 1½ kg Kassler mit Knochen ohne Filet
      30 g Schmalz
Backofen auf 200° vorheizen, Kassler in
Schmalz und Bräter anbraten, dann im
Backofen in 60 Min fertigbraten - Knochen
entfernen - aufschneiden
Dazu reichen Sie in Butter/Zucker karamelisierte
Kartöffelchen.   Guten Appetit!

Grünkohl mit Kassler und süßen Kartoffeln

Grünkohl
Gut 1 kg frischer Grünkohl
100 g Schmalz
1 große Zwiebel
⅛ l Fleischbrühe
Gewürzsäckchen
(2 Pimentkörner, 2 Nelken,
10 schwarze Pfefferkörner,
1 Lorbeerblatt)
250 g magerer durchwachsener
Speck
4 Mettenden

Kassler
Ca. 1½ kg Kassler
(mit Knochen, ohne Filet)
30 g Schmalz

Grünkohl putzen, Strunk entfernen, kurz blanchieren, grob schneiden und in Schmalz mit klein geschnittener Zwiebel andünsten. In Stücke geschnittenen Speck, halbierte Mettenden, Gewürzsäckchen und Fleischbrühe dazugeben - ca. 60 Minuten dünsten und anschließend abschmecken. Gewürzsäckchen entfernen und eventuell mit Haferschmelzflocken binden. Backofen auf 200 °C vorheizen, Kassler in Schmalz im Bräter anbraten, dann im Backofen in 60 Minuten fertig braten, Knochen entfernen und aufschneiden. Dazu reichen Sie in Butter/Zucker karamellisierte Kartöffelchen.

„Gutes Essen ist international."

Abelkader Daouadji, Kaiserslautern

„Familie findet am Tisch statt"

Ehen werden im Himmel geschlossen. Familienleben dagegen muss
geerdet sein. Lebendige Rituale wie das Lieblingsessen am Sonntag oder
das abendliche Erzählen stärken das Familiengefühl mehr als idealistische
Zielvorstellungen, sagt der Jesuit und ehemalige Gemeindepfarrer
Friedhelm Mennekes im Gespräch mit der Journalistin Brigitta Lentz.

Pater Mennekes, manche Psychologen halten die Familie für einen
Sehnsuchtsort. Stimmen Sie dem zu?
Natürlich verbinden viele Menschen mit Familie ihre Träume vom Glück und von
Heimat. Das halte ich für gefährlich. Ich bin gegen jede Form von Idealisierung. Für mich
ist die Familie zuallererst einmal eine Organisationsstruktur für den Alltag - eine Art
Überbau für die Absicht eines Elternpaares, in Gemeinschaft seine Kinder zu erziehen
und zu formen. Das Ziel von Mann und Frau, zusammenbleiben zu wollen, transformiert
sich in das Motiv, den gemeinsamen Kindern das Bestmögliche geben zu wollen. In der
Familie geht es um vitale Interessen und um Management: Wer verdient das Geld? Wie
kommt die Suppe in den Topf? Wer kümmert sich um die Kinder?

Sie haben als Kölner Pfarrer unzählige Paare getraut. Waren deren
Zukunftsvorstellungen wirklich so pragmatisch?
Junge Leute, die heiraten wollen, schwelgen im Honeymoon. Wer eine Familie gründen
will, braucht dagegen konkrete Vorstellungen für das eigene Handeln. Pragmatische
Entscheidungen müssen getroffen werden.

Ist die Familie die natürliche Form, das Leben zu organisieren?
Natürlich? Da bin ich mir nicht so sicher. In jedem Fall ist sie eine soziologisch
gewachsene Organisation des Zusammenlebens von mindestens zwei Generationen. Im
Laufe der Zeit hat sich eine dazugehörige Moral entwickelt. In diesem Zusammenhang
kommt auch die Kirche ins Spiel. Sie favorisiert die Familie als Lebensordnung, setzt
auf die Bindungskräfte in einer Ehe und propagiert eine Zusammengehörigkeit „bis
ans Ende Eurer Tage". Auf vielerlei Weise hat sich für die Familie eine begleitende
Sicherungskultur etabliert, die das Alltagsleben regelt.

Verstehe ich Sie richtig, dass nicht allein die Kirche Familienwerte wie Treue, Verantwortung und Vertrauen begründet hat?

Werte wie Treue und Verlässlichkeit sind für die meisten Menschen von innen her entwickelte Orientierungen. Ich habe als Pfarrer in Köln viele Paare und junge Familien begleitet und immer wieder die Erfahrung gemacht, dass die Menschen wissen, dass das Zusammenleben von Frau und Mann ein Potenzial ist, aus dem sich – wenn man achtsam bleibt – etwas Tragfähiges entwickeln lässt. Es geht darum, aus der ursprünglichen Freude an der Paar-Beziehung, die immer vom Verschleiß bedroht ist, eine Kraft zu entwickeln, die die Familie auch in Krisenzeiten zusammenhalten lässt.

Wie wichtig ist Disziplin?

Kinder zu haben, heißt für das Paar, eigene Interessen und Freiheiten aufzugeben. Das tun Eltern um der höheren Priorität des Zusammenlebens willen. Es geht um die Einstellung: Ein Großteil von dem, was du und ich haben, geben wir zum Besten unserer Kinder. Das kostet natürlich eine gewisse Disziplin.

Mit dem Älterwerden der Kinder müssen sich auch Verhalten und Regeln verändern.

Natürlich. Je älter die Kinder werden, desto mehr Mitwirkungs- und Mitspracherechte haben sie in der Familie. Viele Dinge sollten dann zu dritt oder zu viert besprochen und geregelt werden. Eltern müssen in dieser Hinsicht ständig mehr Kompetenz entwickeln. Familien brauchen den Willen zum Konsens. Alle relevanten Themen müssen aus dem Fokus „Was ist das Beste für uns alle?" entschieden werden. Der Basiskonsens heißt: Wir besinnen uns immer wieder auf das, was für uns gemeinsam wichtig ist.

Und zu diesen Themen gehören auch die Fragen „Wie wollen wir leben?" und „Wie wollen wir wohnen?"?

Ja, Familie wird zu einem dynamischen Gestaltungsprinzip. Viele Menschen ziehen zum Beispiel um der Kinder willen raus aus der Stadt. Reihenhaussiedlungen haben eine enorme Anziehungskraft für junge Familien.

Warum? Weil sie das Familienleben stabilisieren?

Reihenhäuser können zu Nestern werden, die beschützen. Darüber hinaus stärken sie die Nachbarschaft und die Zusammengehörigkeit zwischen den einzelnen Familien. Da werden nicht nur die Wände geteilt. Man feiert zusammen – hier ein Grillfest, dort ein Straßenfest. Zudem spielen die Kinder oft unter gemeinsamer Aufsicht und die einzelne Mutter muss sich nicht so viele Sorgen machen, dass ihr Kind verunglückt.

Dann spielt also doch die Sehnsucht nach Heimat eine steuernde Rolle.

Aus der Sehnsucht allein entwickelt sich gar nichts. Das idealistische Konzept ist das eine, das andere, viel Wichtigere ist die Gestaltung des Alltagslebens. Es kommt Tag für Tag, Abend für Abend. Wie gestalten wir die? Lebendige Rituale müssen her. Wann essen wir? Wie essen wir? Wer kocht? Wer versorgt das Kind? Das sind formale Dinge. Aber es geht auch um andere Fragen wie etwa: Wann ist der geeignete Moment, in dem die

Mutter das Kind in den Arm nimmt und ihm eine beruhigende Geschichte erzählt? Oder: Wie schafft es der Vater, abends am Bett zu sitzen, vielleicht mit dem Kind zu beten und so lange zu warten, bis es einschläft?

Geglücktes Familienleben steht und fällt demnach mit guten Alltagsritualen?

Ja. Rituale dürfen nicht leer werden. Ich brauche eben den besonderen Einfall abends am Bett meines Kindes, wenn ich ihm helfen will, zur Ruhe zu kommen. Oder denken Sie an die Gestaltung des Abends: In vielen Familien ersetzt der Fernseher das Ritual. Dabei ist es so wichtig, dass die Familie am Abend beim Essen zusammensitzt. Unter der Woche sitzt sie anders da als am Wochenende. Dann kocht vielleicht der Papa und bringt das Lieblingsgericht der Familie auf den Tisch, das er von seiner Mutter zu kochen gelernt hat. Oft ziehen sich solche Gerichte wie ein roter Faden durch das Familienleben mehrerer Generationen.

Das Lieblingsgericht weckt vor allem die Tradition?

Klar, das Essen wird nicht nur zum Lieblingsgericht, weil es so gut schmeckt, sondern weil vielleicht die Oma imaginär mit am Tisch sitzt, die das Kind gar nicht mehr erlebt hat. Kochen wird zu einer Art symbolischen Integrationsleistung der Generationen. Dabei kommt es nicht auf die kulinarische Exzellenz an, sondern auf die Verbundenheit: Das, was bei uns auf den Tisch kommt, haben auch unsere Vorfahren schon gern gegessen. Kinder reagieren darauf ganz beeindruckt. Das gemeinsame Essen und Schmecken stellt familiäre Eintracht her.

Gibt es so etwas wie ein Fundament für derlei Familienrituale?

Ähnlich wie für eine Kirchengemeinde der Altar die wichtigste Funktion ausfüllt, weil sie sich um ihn herum versammelt, hat für die Familie der Tisch zentrale Bedeutung. Familie findet am Tisch statt. Er ist es, der einen gemeinsamen Ort, gemeinsame Zeit und gemeinsame Erfahrung ermöglicht. Die Inszenierung des Tisches für das gemeinsame Essen wird zum Grundsymbol des familiären Handelns. Wie beim Altar in der Kirche treffen am Familientisch idealistischer Überbau und Alltagsrealität zusammen. Zudem macht der Tisch eine Hierarchisierung der Rituale möglich. Das tägliche Abendessen gestaltet die Familie anders als das Festessen zu Weihnachten, Ostern oder zu Geburtstagen. Am Tisch wird Familie zu jener gestaltenden Kraft, aus der heraus sich Zusammenhalt entwickelt.

Am Tisch wird in Familien nicht nur gegessen, sondern zuweilen auch heftig gestritten, dass die Fetzen fliegen. Wird der Tisch da als Familiensymbol missbraucht?

Nein. Auch im Streit entpuppt sich der Tisch als Ort der Wahrheit. Kinder spüren die miese Stimmung sofort. Alles, was in eine Tischkultur hineingegeben wird, verändert die Familie. Das gilt auch für die kleinen und großen Konflikte – bis hin zu der fundamentalen Störung, wenn einer der Ehepartner ausscheren will und sich der Trennungsprozess in Gang setzt. Bildlich gesprochen wird in diesem Fall das Tischtuch sehr beansprucht. Und am Ende kann es sein, dass es zerreißt.

Das zerrissene Tischtuch – Symbol für die Auflösung der Organisationsstruktur Familie?

Ich spreche nicht von Auflösung, sondern von Differenzierung. Die Familie wächst in eine andere Erscheinungsform hinein. In unseren Zeiten verändert sich das Familienbild. Bis in die 1960er-, 1970er-Jahre trug das Bild des 19. Jahrhunderts von der sorgenden Mutter im Haus und dem Vater, der das Geld verdient. Der Versorgungsaspekt hält heute kaum ein Paar mehr zusammen. Wenn einer von beiden gehen will, weil vielleicht ein neuer Partner aufgetaucht ist, dann geht er in vielen Fällen. Und dann setzt sich jene Spirale in Bewegung, an deren Ende dann die moderne Patchworkfamilie steht. Das kann man beklagen, aber es ist ein zwangsläufiger Prozess.

Dass am Ende der Bruch kommt, ist ein zwangsläufiger Prozess? Kinder erleben das häufig traumatisch.

Natürlich haben Kinder einen Wahnsinnsstress mit der Trennung ihrer Eltern, weil sie das verinnerlichen müssen. Aber man kann daraus den Eltern keinen Vorwurf machen. Die müssen das ja auch verarbeiten. Bestimmte Idealschemata für die Ordnung des Alltags funktionieren eben heute nicht mehr so reibungslos wie früher. Im Grunde sind dafür auch Veränderungen in den wirtschaftlichen und gesellschaftlichen Strukturen mitverantwortlich.

Sie sprechen von Differenzierung. Andere nennen es ein Scheitern der Institution Familie. Warum flüchten Sie in diese Soziologensprache?

Ich argumentiere aus der soziologischen Perspektive, weil Bewertungen niemanden weiterbringen. Als ich Pfarrer in Köln war, kamen zwischen einem Drittel und der Hälfte der Kommunionkinder aus zerbrochenen Familienstrukturen. Ich musste lernen, diese Entwicklungen zu neutralisieren.

Aber was ist dann von der Steuerungsqualität der Familie noch zu halten? Vom Tisch bleibt nur noch eine Platte mit vier Beinen übrig.

Dann gibt es eben irgendwann zwei Tische und zwei Tischtücher. Die Familienpraxis verändert sich. Ich kenne aus eigener Beobachtung auch die Lösung, dass zum Beispiel ein Vater sagt: Ich habe zwar eine andere Partnerin, aber ich bleibe meinen Kindern zuliebe in der Nähe wohnen. Ich möchte als Vater erreichbar bleiben.

Halten Sie es angesichts einer solchen Entwicklung für hilfreich, dass die katholische Kirche an der traditionellen Form der Familie festhält?

Wenn eine etablierte Lebensform droht, ausgehöhlt zu werden, steht die Kirche im Zugzwang, den Menschen zu helfen. Weil der traditionelle Wert des Familienzusammenhalts bröckelt, versucht sie, ihn umso deutlicher zum Ausdruck zu bringen und ihn an die Bibel rückzukoppeln und ihn dort zu verankern. Was natürlich so nicht einfach geht ... Schon bei der Idealisierung der Heiligen Familie – Maria, Josef und das Jesuskind – hapert es: Was die Kirche als Familie hinsetzt, ist ja im Grunde gar keine Familie. Das ist eine Mutter und ihr Kind – und ein Mann, der die beiden beschützt und begleitet.

Die Erosionsprozesse laufen trotzdem weiter.
Es sind auch Umkehrbewegungen denkbar. Ich beobachte zum Beispiel, dass sich
Kinder aus Trennungsfamilien später als Erwachsene oft souverän und psychologisch
reif für die traditionelle Familie entscheiden und daran festhalten. Wenn ich an die
Lebenskultur der Reihenhaussiedlungen denke, fällt mir noch ein anderes Phänomen
auf: Hier stabilisiert das System sich selbst.

Wie meinen Sie das?
In dem Moment zum Beispiel, wo die Nachbarschaft mitbekommt, dass nebenan
der Vater oder die Mutter auf und davon ist, wird das als bedrohlich empfunden.
Die anderen rotten sich mit der Haltung zusammen: Das finden wir nicht gut. Das
wollen wir nicht. Jede Störung ruft als Reaktion immer die Frage auf: Wie können
wir das verhindern? So wächst eine größere Achtsamkeit für den Zusammenhalt der
eigenen Familie.

**Würden Sie also sagen, dass es Wohnformen gibt, die den
Familienzusammenhalt fördern?**
Familienleben muss in Alltagsritualen zum Ausdruck kommen. Die Art des Wohnens
und die Architektur des Hauses können ihre Wirkungskraft unterstützen, vielleicht
sogar verstärken.

Pater Friedhelm Mennekes im Gespräch mit Brigitta Lentz

Der Fotograf **Stan Engelbrecht** lebt in Kapstadt, Südafrika, und sein leidenschaftliches Interesse für die Alltagskultur wird nur übertroffen von seiner Obsession für Fahrräder. Werner Herzog ist sein allergrößter Held und außerdem glaubt er, dass Timothy Treadwell es verdient hat, von Bären gefressen zu werden.

Nataly Bleuel ist Reporterin und Autorin und macht um Häuser mit Hunden einen Bogen, außer sie riecht einen fetten Braten.

Tatjana Buisson ist eine französisch-deutsch-südafrikanische multilinguale Abenteurerin mit einer Leidenschaft für neue Erlebnisse und einem tiefen Respekt für die Natur.

Daniel Arnold ist Vorstandsvorsitzender der Deutschen Reihenhaus, Köln. Über die ökonomischen Dimensionen des Tagesgeschäfts hinaus beschäftigt er sich mit den gesellschaftlichen und kulturellen Aspekten des Familienlebens in der Stadt.

Pater Friedhelm Mennekes SJ ist Professor emeritus für Praktische Theologie und Religionssoziologie an der Philosophisch-Theologischen Hochschule der Jesuiten in Sankt Georgen in Frankfurt am Main. 1987-2008 baute er als Pfarrer die Kölner Jesuitenkirche Sankt Peter zur international renommierten Kunst-Station für zeitgenössische Kunst und zu einem Zentrum für Neue Musik aus. Für sein Engagement erhielt er 1999 den Corpora Art Preis der Burda-Stiftung und 2002 die Wilhelm-Hausenstein-Ehrung der Bayerischen Akademie der Schönen Künste, München.

Brigitta Lentz arbeitete nach ihrem Volkswirtschaftsstudium zunächst als Redakteurin für die Tageszeitungen Bonner General-Anzeiger und Die Welt sowie über 20 Jahre als Fachredakteurin für Management-Psychologie und Business-Ethik für die Wirtschaftsmagazine managermagazin und Capital. Heute lebt und arbeitet sie als freie Autorin in Köln.

Day One (Südafrika) / **Callwey** (Deutschland)

www.dayone.co.za / www.callwey.de

3. Auflage 2019, Deutsche Reihenhaus, Köln
Alle Rechte vorbehalten

© Day One
Basierend auf dem Konzept des Buches „African Salad" von Tamsen de Beer
und Stan Engelbrecht, nach einer Idee von Stephan le Roux.

ISBN 978-3-7667-1893-8

Idee & Projektleitung rendel & spitz, Köln
Herausgeber Daniel Arnold, Köln
Fotografie Stan Engelbrecht, Kapstadt
Recherche & Interviews Tatjana Buisson, Kapstadt
Porträt-Texte Nataly Bleuel, Berlin
Rezeptredaktion Kathrin Hadeler, Berlin
Produktion Day One, Kapstadt
Entwurf & Layout Gabrielle Guy, Kapstadt
Buchdeckel Michelle Son, Kapstadt
Lektorat Die Schreibweisen, Schmidt & Knyhala, Castrop-Rauxel
Illustrationen Elise Wessels, Kapstadt
Scanning Ray du Toit, Kapstadt
Reproduktion Stan Engelbrecht, Kapstadt
Druckvorstufe Hirt & Carter Cape, Kapstadt
Druck & Bindung Printec Solutions, Kaiserslautern
Vertrieb Callwey Verlag, München